幼儿园教职工上岗培训必备手册

幼儿园
各岗位常规性工作
实用手册

YOUERYUAN
GEGANGWEI CHANGGUIXING GONGZUO
SHIYONG SHOUCE

王晓红　主编

中国农业出版社
北　京

编写人员名单

主　　编：王晓红
副 主 编：李　楠　姜　飞　翟　颖　汪京莉
　　　　　宋琳平　任京华
编　　委：谢　平　王　萌　曾田璐　覃　甜
　　　　　刘　昭　赵金娜　杨慕茜　石可昕
　　　　　李　颖　章　微　景玮彤　石　屹
　　　　　王丽琴　季海霞　李博雅　马婕芳
资料整理：覃　甜　李　楠

序　言

　　当我接到北京市西城区曙光幼儿园王晓红园长的电话，让我为幼儿园即将出版的新书《幼儿园各岗位常规性工作实用手册》作序时，我欣然接受了。接受的理由有两点。其一，源于对曙光幼儿园由来已久的情感，因为这里是我成长的家园，这里丰富的教育内涵，让我初入职场就爱上了幼儿教育事业，这里特有的园所文化为我人生价值观的确立和专业发展打下了坚实的基础。其二，曙光幼儿园多年来一直保持着高质量、高品质的教育，在硕果累累、人才济济的背后有着怎样的工作理念和工作模式，通过这本书可让我先睹为快。

　　当我打开这本书的初稿时，就被他们的研究精神深深地打动了。这本书用了百余页的篇幅，不仅记录了从园长管理、教师职责到后勤保障、财务管理等幼儿园常规性工作的方方面面、点点滴滴，而且，幼儿园每一类工作人员、每一项工作的内容、要求、规范、方法，以及什么时间做什么、怎么做、用什么方式做，具体要求是什么等都梳理得清清楚楚、井井有条、详尽到位。其表达方式简明具体、重点突出、一目了然，操作性、实用性、引领性极强。

　　特别值得肯定的是，所有常规性工作的内容、要求、规范、标准与方法都是在全体教职工的共同参与下形成的。这种自下而上形成工作规范的过程是凝聚集体智慧、发挥教职员工主体性、形成园所共同价值观的过程，也是制度建设的过程，它体现了园所平等民主的管理文化和教师文化。

　　在这些常规性工作的背后，我更看到了一种难能可贵的职业精神，这种精神是对园所精细化管理的梳理，是对教育工作规律的把握，是对每一项工作的深入研究，以及对每一位教职员工的信任和做好本职工作的专业支持。这种有理念、有引领、有结构、有方法、有过程、有支持、有质量的工作规范，可以有效地帮助每位教职员工形成系统的工作思维、主动的工作状态，让每项工作有规章可循、有方法可依、有经验可学。

　　这本书凝聚了曙光幼儿园先进的管理理念和多年的研究成果与实践经验。管理是对现有资源的有效利用。在这本书中，我看到它将教师的经验、问题和发展需求都作为管理工作的资源与来源。对于园所的研究成果和多方面经验通过梳理、整合转化为工作常态的要求和规范，使这些优质资源能作用于教师日常工作和幼儿的发展，让幼儿成为研究成果的最大受益者。同时，书中针对教师工作中的难点问题与发展需要，又将规范与具体的方法相融合，以满足教师工作之需，使工作的过程成为学习成长的过程，以保证教育工作的质量，形成园所稳定的工作状态和文化韵味。我想正是这种以人为本的管理理念，严谨科学的专业态度，执着于教育工作规律的探索精神，造就和保证了曙光幼儿园今天的教育品性和品位，成就了师幼的共同发展。

　　习总书记曾在党的十九大报告中明确提出：要"办好学前教育""要努力让每个孩子都享有公平而有质量的教育"。要全面贯彻落实总书记所说的"好"，让每一位幼儿享有好的教育，好的发展，就要不断提高幼儿园的教育质量和工作水平。这本《幼儿园各岗位常规性工作实用手册》内涵丰富、方法具体、含金量高，它将成为规范与提升幼儿园教育工作质量的宝典，成为教师有效工作的良师益友。

北京市西城区教育研修学院　　沈心燕

前　言

　　打造学前教育优质品牌，办人民满意的幼儿园，是我们追求的目标。2016 年是北京市曙光幼儿园制定"十三五"发展规划的起始年，我们在全面总结"十二五"工作的基础上，初步制定出幼儿园"十三五"发展规划，将提高幼儿园整体工作质量和水平作为"十三五"工作重点。围绕这一重点，从细节入手抓师德、抓管理、抓落实，使各项工作更加科学化、规范化、精细化。

　　梳理幼儿园各岗位常规性工作以及工作规范与标准是实现规范管理的第一步。通过全体教职工参与梳理各自岗位常规性工作以及工作规范与标准，使之进一步明确该岗位的常规性工作，做到心中有数，提高教职工长期规划工作的能力。同时将各项工作的规范与标准落到文字上，避免凭印象、凭感觉、凭记忆传承，使得对各项工作的管理与落实更加规范，在执行过程中有章可循，有规可依。之后我们还将在管理细节、一日生活细节、服务细节、宣传教育细节等方面下功夫，切实提高幼儿园整体工作质量，办人民满意的、高品质的学前教育。

北京市西城区曙光幼儿园

前 言

目　录

一、管理岗位

（一）党支部书记

时间	工作内容	工作方式	档案材料
一月	总结上一年度工作，讨论本年度工作计划	会议	总结报告、会议记录
	党员民主生活会	群众评议党员	问卷及分析
二月	党员依据问卷总结工作	利用假期进行个人总结	党员个人总结
	制订党支部工作计划	党支部委员会撰写计划	支部工作计划
三月	讨论并确定党支部工作计划	支部活动	会议记录
	结合工会开展"三八"妇女节活动	与工会联合开展活动	活动照片
	学雷锋活动	义务劳动或其他公益活动	活动照片
	全面从严治党自查工作	网上填报	自查记录
四月	党课大家讲活动	讲课或参观活动	活动记录和照片
五月	党员与积极分子交流	谈话与交流	谈话记录

（续）

时间	工作内容	工作方式	档案材料
六月	党员与积极分子交流，学年考核工作	谈话与交流	谈话记录
七月	迎"七一"建党活动	谈话与交流	谈话记录
八月	党员与积极分子交流	谈话与交流	谈话记录
九月	结合教师节开展活动	表彰活动	活动记录、照片
十月	进行爱国主义教育	讲党课、参观活动	活动记录、照片
十一月	上交案例论文	征集、审阅、上交	上交材料留档
十二月	民主测评	全员会布置此项工作并做好动员工作	会议记录
	三评一考 一报告、两评议	领导班子述职述廉 分组座谈 网上测评 上交下级评议上级表	评议表及统计表： • 群众评议党员 • 党员评议支部 • 下级评议上级 • 干部任用选拔情况
	与群众座谈，征集意见与建议	上报相关数据	谈话记录

（二） 园长

时间	工作内容	工作方式	档案材料
一月	总结本学期工作	领导班子会议	文字材料
	确定下学期工作重点，发展规划的制订、落实与调整等	教师代表会议	会议记录

（续）

时间	工作内容	工作方式	档案材料
一月	安排假期各项工作（一线、后勤、保健、培训）	全体教职工会议	会议记录
	征集意见	部门主管、小组或个别谈话	谈话记录与管理分析
二月	制订幼儿园工作计划	依据讨论结果自行制订	文字材料
	调整幼儿园发展规划阶段目标、交流谈心	有重点地个别访谈	谈话记录
	做好开学前的准备工作	全园职工会议	会议记录
三月	讨论通过工作计划并上交教育委员会学前科	领导班子会议、教师代表会议	会议记录、照片、各项工作计划
	开学典礼	全园活动	活动计划、活动照片和活动总结
四月	接受教育督导（三年一次）、"西城杯"评比（隔年一次）	按督导要求整理材料	档案材料分类成盒
	教师自荐活动	教师教育活动展评与研讨	活动计划、记录、评分表、影像资料
五月	春游活动	领导班子会议、工会委员会议	活动方案、照片、活动计划、研讨
	骨干教师示范活动	全体教师观摩研讨	文字记录、影像资料

（续）

时间	工作内容	工作方式	档案材料
六月	招生、招聘工作	领导班子会议、招生与招聘小组会	招生、招聘工作文件、方案与影像资料
	学年考核、评优评先、岗位竞聘	全体教职工会议	文件、选票、会议记录及照片资料
	评选"我心中的好老师"（隔年一次区级评选）	全园活动	活动方案、影像资料
	家长调查问卷	发放问卷	问卷整理、分析报告
	"六一"庆祝活动	全园活动	活动方案、影像资料
	大班毕业典礼	大班组活动	活动方案、影像资料
七月	总结工作，确定下一学期工作重点，安排假期各项工作（一线、后勤、保健、培训）	领导班子会议、全体教职工会议	文字材料、工作方案
	安排新生入园前的准备工作	分址全体会	会议记录
八月	制订幼儿园工作计划	利用假期整理成文	活动计划
	交流谈心、征集意见	个别谈话	谈话记录
	做好开学前的各项准备	领导班子会议、部门会	会议记录
九月	开学第一课	全园活动	活动方案、活动照片
	开学典礼	全园活动	活动方案、影像资料
	迎接小班新生	分址全体教职工	活动计划、活动照片
	讨论通过工作计划并上交教育委员会学前科	领导班子会议、教师代表会议	会议记录
	检查指导常规工作	深入一线	进班记录、分析

（续）

时间	工作内容	工作方式	档案材料
十月	开展节日教育活动	领导班子会议、工会委员会议	活动方案、照片
	秋游活动	领导班子会议、工会委员会议	活动方案、活动照片
	骨干教师示范活动	全体教师观摩研讨	活动计划、研讨记录等文字材料、影像资料
十一月	参加科研周活动	领导班子会议、干部会	活动方案、照片
	教师自荐活动	全体教师观摩研讨	活动计划、研讨记录等文字材料、影像资料
十二月	迎新年活动	全园教职工和幼儿、家长参与活动	活动方案、影像资料
	干部述职与民主评议，总结学期工作	全体教职工会议、网上测评、分组征求意见	述职报告、会议记录、调查问卷及分析（支部留档）

（三）工会主席

时间	工作内容
八月	1. 结合幼儿园相关工作，开展适合的活动，丰富教职工的生活 2. 完成上级工会布置的各项工作 3. 其他临时性工作
九月	1. 结合幼儿园相关工作，开展适合的活动，丰富教职工的生活 2. 完成上级工会布置的各项工作 3. 配合幼儿园党政部门开展教师节的庆祝表彰活动 4. 其他临时性工作

（续）

时间	工作内容
十月	1. 结合幼儿园相关工作，开展适合的活动，丰富教职工的生活 2. 完成上级工会布置的各项工作 3. 开展对教职工的节日慰问工作 4. 其他临时性工作
十一月	1. 结合幼儿园相关工作，开展适合的活动，丰富教职工的生活 2. 完成上级工会布置的各项工作 3. 其他临时性工作
十二月	1. 结合幼儿园相关工作，开展适合的活动，丰富教职工的生活 2. 完成上级工会布置的各项工作 3. 开展对教职工的节日慰问工作 4. 其他临时性工作
一月	1. 党政工团的新年活动，两节送温暖 2. 总结工会上一年度工作 3. 根据教育工会及原计划召开工会委员会，通报和审核上一年度工会经费收支决算、当年工会经费收支的预算工作 4. 结合上级工会及幼儿园全年工作计划，围绕幼儿园中心工作制订本年度工会工作计划 5. 完成上级工会的教代会台账的填写及报送 6. 其他临时性工作
二月	1. 党政工团两节送温暖 2. 总结工会上一年度工作 3. 结合上级工会及幼儿园全年工作计划，围绕幼儿园中心工作制订本年度工会工作计划 4. 其他临时性工作
三月	1. 根据工作计划在"三八"妇女节和幼儿园党政部门一起开展多种形式、丰富多彩的活动 2. 结合上级工会及幼儿园全年工作计划，围绕幼儿园中心工作，进一步完善本年度工会工作计划 3. 完成上级工会布置的各项工作 4. 其他临时性工作

（续）

时间	工作内容
四月	1. 结合幼儿园相关工作，开展适合的活动，丰富教职工的生活 2. 完成上级工会布置的各项工作 3. 其他临时性工作
五月	1. 结合幼儿园相关工作，开展适合的活动，丰富教职工的生活 2. 完成上级工会布置的各项工作 3. 开展对教职工的节日慰问工作 4. 其他临时性工作
六月	1. 结合幼儿园相关工作，开展适合的活动，丰富教职工的生活 2. 完成上级工会布置的各项工作 3. 配合幼儿园行政部门完成学年考核工作，对党政、领导班子的民主测评工作 4. 其他临时性工作
七月	1. 结合幼儿园相关工作，开展适合的活动，丰富教职工的生活 2. 完成上级工会布置的各项工作 3. 其他临时性工作

（四）人事干部

时间	工作内容	工作方式	档案材料
一月	上报年工资汇总报表	上网填报	报表
	慰问退休老教师	走访	照片
	做好下半年公招	上网审核、面试、审档、公示	公招各种材料记录、公示材料
	协助做好骨干教师履职工作	发放表格、填报、公示	公示材料
	协助会计做好二月工资上报	考勤统计、上网填报	考勤资料、工资报表

（续）

时间	工作内容	工作方式	档案材料
二月	人事工作小结	利用假期进行人事工作总结	整理人事档案材料
	协助会计做好三月工资上报	考勤统计、上网填报	考勤资料、工资报表
三月	完成法人网上登记工作	上网登记、编办上交材料	填写纸质材料
	退休教师活动	来园活动谈话与交流	活动记录
	协助会计做好四月工资上报	考勤统计、上网填报	考勤资料、工资报表
四月	做好上半年公招	上网审核、面试、审档、公示	公招各种材料记录
	协助会计做好五月工资上报	考勤统计、上网填报	考勤资料、工资报表
五月	协助会计做好六月工资上报	考勤统计、上网填报	考勤资料、工资报表
	退休教师春游	外出	活动计划、安全预案、照片
六月	协助做好学年考核工作	发放考核表	个人考核表、考核汇总表、考核优秀上报材料
	协助会计做好七月工资上报	考勤统计、上网填报	考勤资料、工资报表

（续）

时间	工作内容	工作方式	档案材料
七月	做好新教师入职工作	填写相关表格，体检、面试、笔试、公示	入职各种资料
	做好教师转正定级	公示	转正定级表
	协助会计做好八月工资上报	上级工资审批考勤统计、上网填报	考勤资料、工资报表
八月	签订聘用合同	检查聘用合同资料	留存聘用合同
	协助会计做好九月工资上报	考勤统计、上网填报	考勤资料、工资报表
	人事工作总结	写计划	人事工作计划材料
九月	退休教师秋游	外出	活动计划、安全预案、照片
	协助会计做好十月工资上报	考勤统计、上网填报	考勤资料、工资报表
十月	教育系统职称评审工作	个人申报、教育系统职称评审小组考核、公示	活动记录材料
	岗位聘任工作	岗位聘任小组审核相关任职材料、公示	岗位聘任资料
	协助做好教育统计工作	上网填报	统计报表资料
	协助做好教职工住房补贴工作	个人申报、住房补贴小组审核报表、公示	住房补贴资料
	协助会计做好十一月工资上报	考勤统计、上网填报	考勤资料、工资报表

（续）

时间	工作内容	工作方式	档案材料
十一月	维护幼儿园人员信息工作	上网填报	上交材料留档
	协助会计做好十二月工资上报	考勤统计、上网填报	考勤资料、工资报表
十二月	事业单位管理、专业技术人才统计报表	上网填报	纸质统计报表
	事业单位工作人员工资统计报表	上网填报	纸质统计报表
	做好新毕业生招聘工作	招聘会	学生简历等材料
	协助会计做好明年一月工资上报	考勤统计、上网填报	考勤资料、工资报表

（五） 业务园长

业务园长主要工作事项：

1. 保教工作：计划、落实、检查、总结、过程性指导。

2. 教研工作：计划、开展教研、总结、调研。

3. 科研工作：课题立项、开题、进展、研究、结题、申报成果、资料留档。

4. 继续教育工作：继续教育开展计划、学分统计、学分获得的安排、资料留档、总结。

5. 社区工作：计划、实施、亲子、社区活动、总结。

6. 家长工作：家长学校讲座、家长半日活动安排。

7. 大型活动：节日活动、突发活动。

8. 教师队伍：分层教师培养计划、骨干教师培养计划；教师培训具体实施安排、教师评价。

9. 教师档案管理：教师档案整理、填写教师发展情况。

时间		工作内容	工作方式	档案材料
八月		针对全体教师开展在职培训	参与式培训、讲座	培训讲座的文字稿、PPT、照片
		制订学期（学年）教学大纲	文字	文字稿
		梳理规范保教手册	文字	文字稿（调整过程）
		月底制订九月第一周的工作计划	文字	文字稿
九月	第一周	1. 制订学期保教工作计划 2. 制订学期教研计划 3. 制订学期家长工作计划 4. 制订继续教育学习计划 5. 上交教委保教计划，上交学前教研室教研计划	保教部门讨论制订	文字稿（同时上交学前科、教研室）
		收集、整理、调整各班学期计划、各组计划	各班讨论制订，组长把关	文字稿
		向全园教师公布学期计划，征求意见并调整	会议	会议记录
	第二周	每周三个半天，进班了解班级常规性工作进展	进班、记录、反馈、跟进	进班记录、反馈记录
		开展本学期第一次教研活动（一般为公布教研计划，征求意见）	会议	会议记录

(续)

时间		工作内容	工作方式	档案材料
九月	第二周	教师节的表彰活动（市区级、园级的荣誉表彰、师徒结对、新教师入职）	表彰会	照片及相关资料
		收集、整理、分析各班组提交的幼儿测评报告（全测）（小班时间与之不同）	汇总	表格及文字
	第三周	每周三个半天，进班了解班级常规性工作进展	进班、记录、反馈、跟进	进班记录、反馈记录
		进班指导和检查日常保教工作、安全、卫生、环境创设情况		
	第四周	召开学期家长会、家长学校讲座（园、各班组）	互动、体验、讲座	文字稿、PPT、照片、会议记录、照片
		环境创设交流研讨	进班交流分析	教研计划、教研记录、照片
		园本教研活动的继续开展	教研活动	
		常规培养展示交流	教研形式灵活多样	教研记录
十月		继续开展园本教研活动（每两周一次）	教研形式灵活多样	教研记录、照片
		继续开展继续教育学习	进班互动	进班记录
		进班指导班级工作、环境创设	进班互动	进班记录
		参与班级召开的班会	访谈、检查	进班记录

（续）

时间	工作内容	工作方式	档案材料
十月	检查保教主任各项工作的落实情况	访谈、检查	指导记录
	抽查了解保教主任对教师教育计划、教育笔记的批阅、反馈情况	实践、研究	指导记录、教案、研讨、照片
	开展教育系统职称评审工作	随队外出、研究、讨论	职称评审小组讨论稿
	秋游活动（各班组）	外出游览	照片
	开展园本课题的研究（如遇新的五年，要书写课题研究开题报告等）	研究、讨论	会议记录、课题研究相关文字稿
十一月	进班指导班级工作、环境创设、区域活动等	进班互动	进班记录
	考核区片组内园所	外出考核	考核记录
	召开汇操、体育运动会，创编徒手操、武术等	展示交流	照片
	继续开展园本教研	教研形式灵活多样	教研记录、照片
	开展园本课题的研究	研究、讨论	会议记录、课题研究相关文字稿
	开展家长学校活动（半日开放、小型家长会、研讨会等）	互动、体验、讲座	文字稿、PPT、照片
	教师笔记交流汇总（第一次）	文字交流	交流笔记、教师评价

（续）

时间	工作内容	工作方式	档案材料
十二月	进班指导班级工作、环境创设、幼儿活动反馈等	进班互动	进班记录
	开展园本教研活动、继教学习	教研形式灵活多样	教研记录、照片
	新年活动的各项准备工作、新年活动计划	交流	活动照片、活动计划
	整理收集各项总结：班总结、组总结；班幼儿测评及分析、组幼儿测评及分析；主题活动案例集	各班讨论总结、组长把关	文字稿
	骨干教师工作总结及汇报	会议座谈、展示	会议记录、展示 PPT
	制订假期计划，布置假期工作	会议	会议记录
	制订假期教师集中培训方案（5 天之内）	会议、讨论	培训计划方案
	开展一学期教研、保教工作的调研	座谈、问卷	座谈记录、问卷留档
	上报本学期参与区级继续教育教师专业选修课信息活动的情况及作业	统计	信息考勤卡、继续教育学习记录单、作业
	教师笔记交流汇总（第二次）	文字交流	交流笔记、教师评价
	家长学校、家长半日开放	互动、体验、讲座	文字稿、PPT、照片

（续）

时间		工作内容	工作方式	档案材料
一月		整理保教总结、教研工作总结、科研工作总结、家长工作总结	保教部分分析	分析文字稿
		开展假期教师集中培训	讲座、互动、体验、分享	文字稿、PPT、教师培训体会
		梳理、分析保教、教研工作的调研反馈	保教部门分析	分析文字稿
二月		初步制订新学期的保教计划、教研计划的方案，并征求园长意见	网络、电话	文字稿
		制订学期保教工作计划、教研计划、家长工作计划、继续教育学习计划	保教部门讨论制订	文字稿
		制订三月份保教与教研计划	文字	文字稿
三月	第一周	上交教委保教计划，上交学前教研室教研计划	各班讨论制订，组长把关	文字稿
		收集、整理、调整各班学期计划、各组计划；向全园教师公布学期计划，征求意见并调整	会议	会议记录
	第二周	每周三个半天，进班了解班级常规性工作进展	进班、记录、反馈、跟进	进班记录、反馈记录
		开展本学期的第一次教研活动（一般为公布教研计划，征求意见）	会议	会议记录

（续）

时间		工作内容	工作方式	档案材料
三月	第二周	收集整理分析各班组提交的幼儿测评报告（抽测 10 名）	汇总	表格及文字
	第三周	每周三个半天，进班了解班级常规性工作进展	进班、记录、反馈、跟进	进班记录、反馈记录
		进班指导和坚持日常保教工作		
	第四周	召开学期家长会、家长学校讲座（园、各班组）	互动、体验、讲座	文字稿、PPT、照片
		环境创设交流研讨	进班交流分析、教研，教研形式灵活多样	会议记录、照片
		园本教研活动的继续开展，常规培养交流展示		教研记录、照片
四月		继续开展园本教研活动（每两周一次）	教研形式灵活多样	教研记录、照片
		继续开展继续教育学习	进班互动	进班记录
		进班指导班级工作、环境创设	进班互动	进班记录
		参与班级召开的班会	访谈、检查	指导记录
		检查保教主任各项工作的落实情况	访谈、检查	指导记录
		抽查了解保教主任对教师教育计划、教育笔记的批阅、反馈情况	实践、研究	教案、研讨、照片

（续）

时间	工作内容	工作方式	档案材料
四月	开展教育系统职称评审工作	随队外出、研究、讨论	职称评审小组讨论
	春游活动（各班组）	文字交流	照片
	开展园本课题的研究	会议	会议记录、课题研究相关文字稿
	教师笔记交流汇总（第一次）	整理文字	交流笔记
	两年一次"西城杯"幼儿教师实践评优活动	园内初赛、园内复赛、区级决赛	教师评价
五月	进班指导班级工作、环境创设、区域活动等	进班互动	进班记录
	准备接受示范园考核或督导	外出考核	考核记录
	召开汇操、体育运动会，创编轻器械操等	展示交流	照片
	继续开展园本教研	教研形式灵活多样	教研记录、照片
	开展园本课题的研究	研究、讨论	会议记录、课题研究、相关文字稿
	开展家长学校活动（半日开放、小型家长会、研讨会等）	互动、体验、讲座	文字稿、PPT、照片
	"六一"活动的各项准备工作、"六一"活动计划	交流	活动照片、活动计划、文字记录

（续）

时间	工作内容	工作方式	档案材料
六月	进班指导班级工作、环境创设、幼儿活动反馈等	进班互动	进班记录
	开展园本教研活动、继续教育学习	教研形式灵活多样	教研记录、照片
	整理收集各项总结：班总结、组总结；班幼儿测评及分析、组幼儿测评及分析；主题活动案例集	各班讨论总结，组长把关	文字稿
	骨干教师工作总结及汇报	会议座谈、展示	会议记录、展示 PPT
	制订假期计划，布置假期工作	会议	会议记录
	制订假期教师集中培训方案（5 天之内）	会议、讨论	培训计划方案
	开展学期教研、保教工作开展的调研	座谈、问卷	座谈记录、问卷留档
	上报本学期参与区级继续教育教师专业选修课信息活动的情况及作业	统计	信息考勤卡、继续教育学习记录单、作业
	教师笔记交流整理（第二次）	文字交流	交流笔记、教师评价
	家长学校	互动、体验、讲座	PPT、照片、文字稿
	学年考核	考核总结、考核课	PPT、文字稿、教案及反思

（续）

时间	工作内容	工作方式	档案材料
七月	整理保教总结、教研工作总结、科研工作总结、家长工作总结	保教部门研讨	分析记录
	梳理、分析保教、教研工作的调研反馈	保教部门研讨	分析记录
	初步制订新学期的保教计划、教研计划的方案，并征求园长意见	网络、电话	文字稿
	整理教师个人专业成长档案	个人、培训	教师档案

（六） 保教主任

时间	工作内容	工作方式	档案材料
八月	组织全体教师开展在职培训	参与式培训、讲座	培训讲座的文字稿、PPT、照片
	组织全体教师制订学期（学年）教学大纲	文字	文字稿
	组织教师梳理规范保教手册	文字	文字稿（调整过程）
	指导各班教师进行开学准备工作（环境创设、区角到位、家长工作、全面卫生消毒等）	进班	文字、照片
	指导教研组长开展本组各项工作	交流	指导记录

（续）

时间		工作内容	工作方式	档案材料
九月	第一周	配合园长制订学期保教工作计划，并落实保教计划	保教部门讨论制订	文字稿
		制订学期家长专项工作计划		
		收集、整理、调整各组学期计划		
		指导各组进行幼儿发展评估测查与分析（全测）	进班指导，各班讨论制订，组长把关	指导记录、照片
		指导各班进行环境创设	进班	进班记录、照片
		批阅教师计划	交流	批阅记录
		指导教师进行班级幼儿常规培养	进班	指导记录
		指导教研组长开展本组各项工作	交流	指导记录
	第二周	每天至少半天进班了解班级常规性工作进展	进班、记录、反馈、跟进	进班记录、反馈记录
		有计划有重点地组织保教人员开展业务学习及教研活动	会议	会议记录
		配合园长组织教师节的表彰活动（市区级、园级的荣誉表彰、师徒结对、新教师入职）	表彰会	照片及相关资料
		收集整理并分析各组提交的幼儿测评报告（全测）	汇总	表格及文字

（续）

时间		工作内容	工作方式	档案材料
九月	第二周	批阅教师笔记及计划	交流	交流记录
		指导各组家长会工作	交流	交流记录
		指导教师进行班级幼儿常规培养	进班	指导记录
		指导教研组长开展本组各项工作	交流	指导记录
	第三周	每天至少半天进班了解班级常规性工作进展，指导和检查日常保教工作、安全、卫生	进班、记录、反馈、跟进	进班记录、反馈记录
		指导教师进行班级幼儿常规培养	进班	指导记录
		组织各组召开家长会	会议	家长工作记录
		指导各班进行环境创设（区角材料投放、主题活动开展等）	进班	进班记录、照片
		批阅教师笔记及计划	交流	交流记录
		指导教研组长开展本组各项工作	交流	指导记录
	第四周	每天至少半天，进班了解班级常规性工作进展	进班、记录、反馈、跟进	进班记录
		指导教师进行班级幼儿常规培养	进班交流分析、教研	会议记录、照片
		组织教师开展环境创设交流研讨	教研形式灵活多样	教研记录、照片

（续）

时间		工作内容	工作方式	档案材料
九月	第四周	批阅教师笔记及计划		
		协助园长开展园本教研活动	交流	交流记录
		指导教研组长开展本组各项工作		
十月		继续协助开展园本教研活动（每两周一次）	教研形式灵活多样	教研记录、照片
		协助开展继续教育学习	交流	交流记录
		进班指导班级工作、环境创设	会议	进班记录
		参与班级召开的班会	进班互动	指导记录
		检查教研组长的各项工作落实情况	访谈、检查	指导记录、教案、研讨、照片
		协助开展教育系统职称评审工作	访谈、检查	职称评审小组讨论
		各班组秋游活动（确定地点、组织采点、制订安全预案）	协助外出	照片
		协助开展园本课题的研究（如遇新的五年要书写课题研究开题报告等）	实践、研究	会议记录、课题研究相关文字稿
		批阅教师笔记及计划	交流	交流记录
		指导教研组长开展本组各项工作	观摩	计划、记录、照片
		组织各班开展常规交流	交流	交流记录

（续）

时间	工作内容	工作方式	档案材料
十一月	进班指导班级工作、环境创设、区域活动等	进班互动	进班记录
	组织召开汇操、体育运动会，创编徒手操、武术等	展示交流	照片
	继续协助开展园本教研，参与开展园本课题的研究	教研形式灵活多样	教研记录、照片、会议记录、课题研究
	开展家长学校活动（半日开放、小型家长会、研讨会等）	研究、讨论、互动、体验、讲座	相关文字稿、PPT、照片
	指导督促各班开展冬锻	交流	交流记录
	组织教师开展笔记交流（第一次）	交流	交流记录
	批阅教师计划	文字交流	交流笔记、教师评价
	指导教研组长开展本组各项工作	交流	交流记录
十二月	进班指导班级工作、环境创设、幼儿活动反馈等	进班互动	进班记录
	协助开展园本教研活动、继续教育学习	教研形式灵活多样	教研记录、照片、活动计划
	指导各组新年活动的各项准备工作、新年活动计划、布置等（包括安全预案）	交流	交流文字稿

（续）

时间	工作内容	工作方式	档案材料
十二月	整理收集各项总结：班总结、组总结；班幼儿测评及分析、组幼儿测评及分析；主题活动案例集	各班讨论总结，组长把关	文字稿
	协助开展学期教研、保教工作的调研	座谈、问卷	座谈记录、问卷留档
	教师笔记交流汇总（第二次）	文字交流	交流笔记、教师评价
	家长学校、家长半日开放	互动、体验、讲座	文字稿、PPT、照片、表格、文字
	收集、整理、分析幼儿发展评估抽测	文字	文字稿报告
一月	整理保教总结、家长工作总结	保教部分分析	分析文字稿
	协助开展假期教师集中培训	讲座、互动、体验、分享	文字稿、PPT、教师培训体会
	督促各组进行收尾工作	进班	进班记录
二月	思考新学期保教计划、教研计划的内容，并征求业务园长意见	网络、电话交流	文字稿
	指导各班教师进行开学准备工作（环境创设、区角到位、家长工作、全面卫生消毒等）	进班	进班指导记录
	指导教研组长开展本组各项工作	交流	交流记录

（续）

时间	工作内容	工作方式	档案材料
三月 / 第一周	细化学期保教工作计划	保教部门讨论制订	文字稿
	制订学期家长工作计划		
	收集、整理、调整各班学期计划、各组计划		
	指导各组恢复幼儿常规，进行环境创设	各班讨论制订，组长把关	记录
	批阅教师计划	交流	
	指导教师进行班级幼儿常规培养	进班	
	指导教研组长开展本组各项工作		
	提醒、督促教师上报考核活动	交流	
第二周	每天至少半天进班了解班级常规性工作进展	进班、记录、反馈、跟进	进班记录、反馈记录
	批阅教师笔记及计划	文字	交流反馈
	指导教师进行班级幼儿常规培养	进班	进班指导记录
	指导教研组长开展本组各项工作	交流	交流记录
第三周	每天至少半天进班了解班级常规性工作进展	进班、记录、反馈、跟进	进班记录、反馈记录
	进班指导和坚持日常保教工作		

（续）

时间		工作内容	工作方式	档案材料
三月	第三周	召开学期家长会（大班做好幼小衔接）	会议	会议记录
		批阅教师笔记及计划	交流	交流反馈记录
		指导教师进行班级幼儿常规培养	进班交流	进班指导记录
		指导教研组长开展本组各项工作	交流	交流记录
		新教师出师课	观摩	记录、照片
	第四周	家长学校讲座（园、各班组）	互动、体验、讲座	文字稿、PPT、照片、会议记录
		组织教师环境创设交流研讨	进班交流分析、教研	教研记录、照片
		协助园本教研活动的继续开展	教研形式灵活多样	教研记录
		批阅教师笔记及计划	文字交流	交流反馈
		指导教师进行班级幼儿常规培养	进班交流	交流记录
		指导教研组长开展本组各项工作	交流	交流记录
四月		继续协助开展园本教研活动（每两周一次）	教研形式灵活多样	教研记录、照片
		进班指导班级工作、环境创设	进班互动	进班记录
		参与班级召开的班会	进班互动	进班记录

（续）

时间	工作内容	工作方式	档案材料
四月	检查教研组长的各项工作落实情况	访谈、检查、实践、研究	指导记录、教案、研讨、照片
	协助开展教育系统职称评审工作	随队外出	职称评审小组讨论、记录
	各班组秋游活动（确定地点、组织采点、制订安全预案）	协助	活动照片
	参与开展园本课题的研究	研究、讨论	会议记录、课题研究相关文字稿
	教师笔记交流汇总（第一次）	文字交流	交流反馈
	批阅教师计划	文字交流	交流笔记
	指导教师开展阳光体育活动	进班交流	交流记录
五月	进班指导班级工作、环境创设、区域活动等	进班互动	进班记录
	组织召开汇操、体育运动会，创编轻器械操等	展示交流	照片
	协助继续开展园本教研	教研形式灵活多样	教研记录、照片、会议记录、课题研究
	参与开展园本课题的研究		
	协助开展家长学校活动（半日开放、小型家长会、研讨会等）	研究、讨论、互动、体验、讲座	相关文字稿、PPT、照片

（续）

时间	工作内容	工作方式	档案材料
五月	指导教师进行阳光体育的测查	交流	交流记录
	批阅教师笔记及计划	交流	反馈记录
	指导教师进行班级幼儿常规培养	进班	进班指导记录
	指导教研组长开展本组各项工作	交流	交流记录
六月	进班指导班级工作、环境创设、幼儿活动反馈等	进班互动	进班记录
	协助开展园本教研活动	教研形式灵活多样	教研记录、照片
	指导"六一"活动的各项准备工作，制订"六一"活动计划	交流	活动照片、活动计划
	整理收集各项总结：班总结、组总结；组幼儿测评及分析；主题活动案例集	各班讨论总结，组长把关	文字稿
	参与骨干教师工作总结及汇报	座谈	记录
	协助开展学期教研、保教工作开展的调研	座谈、问卷	座谈记录、问卷留档
	组织教师笔记交流整理（第二次）	文字交流	交流笔记、教师评价
	协助开展家长学校	互动、体验、讲座	照片、文字稿
	学年考核工作总结	全园会议	会议记录

（续）

时间	工作内容	工作方式	档案材料
七月	整理保教总结、家长工作专项总结	保教部门研讨	分析记录
	思考新学期的保教计划、教研计划的方案，并征求园长意见	网络、电话交流	文字稿

1. 保教工作计划和总结规范格式

（1）计划、总结书写注意事项

①提前了解幼儿园整体计划，把握好工作重点及研究方向。

②结合幼儿测评的数据统计，认真分析全园不同年龄段幼儿各领域的发展情况。

③通过日常及各项工作的开展，了解不同阶段教师的发展情况，并给予客观正确的分析。

④学期初按时制订本部门保教工作计划，并在工作中贯彻落实，认真组织实施、检查和总结各项工作。

⑤制订的计划要依据幼儿园全园工作计划，并加强与各部门之间的沟通，以便制订的计划切实可行。

⑥保教计划及保教总结需在规定的时间内完成并上交，提升工作效率。

⑦保教计划及总结按照正规的格式书写。

（2）保教计划书写格式

【 示 例 】

（　　年　月——　　年　月）第（　　）学期保教工作计划

一、对上学期教研工作的分析

（一）园所整体发展情况——优势

根据本学期保教工作实施情况分析，我园保教工作中存在的主要优势：

1. 幼儿发展：参照指标来自幼儿测评的结果和分析

健康发展：（1）（2）（3）…

科学发展：（1）（2）（3）…

社会发展：（1）（2）（3）…

艺术发展：（1）（2）（3）…

语言发展：（1）（2）（3）…

2. 教师发展：参照日常保教工作中对教师现状的了解和分析

（1）（2）（3）…

3. 干部发展：参照本学年干部的情况

（1）（2）（3）…

4. 园所发展：参照上学年发展的成绩以及前瞻性思考

（1）（2）（3）…

（二）园所整体发展情况——不足

1. 幼儿发展：参照指标来自幼儿测评的结果和分析

健康发展：（1）（2）（3）…

科学发展：（1）（2）（3）…

社会发展：（1）（2）（3）…

艺术发展：（1）（2）（3）…

语言发展：（1）（2）（3）…

2. 教师发展：参照日常保教工作中对教师现状的了解和分析

（1）（2）（3）…

3. 干部发展：参照本学年干部的情况

（1）（2）（3）…

4. 园所发展：参照上学年发展的不足以及前瞻性思考

（1）（2）（3）…

二、本学期保教工作整体计划

（一）保教工作目标

（特别注意上下学期以及近期工作的连续性）

（二）保教重点工作

为了实现保教工作目标，本学期的工作重点如下：

1. 幼儿工作重点

目标：

措施：

2. 教师工作重点

（1）青年教师：

目标：

措施：

（2）骨干教师：

目标：

措施：

3. 干部工作重点

目标：

措施：

4. 园所工作重点

目标：

措施：

三、园所保教工作具体计划

逐月计划：（详细罗列逐月计划）

第一学期

九月：

十月：

十一月：

十二月：

一月：

第二学期

三月：

四月：

五月：

六月：

七月：

（3）保教总结书写格式

【示例】

（　　年 月——　　年 月）第（　）学期

一、园所整体发展情况

（一）根据本学期保教工作实施情况，我园保教工作中存在的主要优势

1. 幼儿发展

健康：（1）（2）（3）…

科学：（1）（2）（3）…

社会：（1）（2）（3）…

艺术：（1）（2）（3）…

语言：（1）（2）（3）…

2. 教师发展

（1）（2）（3）…

3. 干部发展

（1）（2）（3）…

4. 园所发展

（1）（2）（3）…

（二）存在的不足

1. 幼儿发展

健康：（1）（2）（3）…

科学：（1）（2）（3）…

社会：（1）（2）（3）…

艺术：（1）（2）（3）…

语言：（1）（2）（3）…

2. 教师发展

（1）（2）（3）…

3. 干部发展

（1）（2）（3）…

4. 园所发展

（1）（2）（3）…

二、保教工作

（一）日常保教管理方面（结合幼儿园主要内容来写）

（二）家长工作方面（结合本学期的研究重点总结）

（三）梳理骨干教师工作室活动情况

（四）干部深入一线指导工作，提升保教工作质量方面

（五）阳光体育活动方面（结合本学期重点内容梳理）

（六）发挥示范园所带头作用的相关活动梳理

（七）结合幼儿园整体工作及一些重点工作进行总结

三、其他工作（包括幼儿园取得的一些成绩）

四、反思以及下学期工作重点

2. 家长专项工作

（1）家长专项工作计划书写内容

①指导思想：《3～6 岁儿童学习与发展指南》《幼儿园教育指导纲要》等纲领性专业指导用书、幼儿园学期保教工作计划。

②家长工作目标：具体可行，有持续性，重点体现家园共育。

③家长工作具体措施：具体开展的家园共育活动的设想及初步方案。

④家长工作逐月安排：时间安排。

（2）家长专项工作总结书写内容

①概括叙述本学期家长工作的情况。

②详细总结、分析家长工作：逐一总结本学期开展的各项家长工作，体现出家园共育的效果及价值，指出对不足之处准备如何调整。

③本学期家长工作取得的成绩或得到家长哪些认可与肯定。

④结束语。

3. 举行幼儿大型活动的注意事项

（1）注意事项

①至少提前一个半月起草活动方案，交园务会讨论批准。至少提前一个

月撰写安全预案，并交后勤主管。

②如果请家长，需要撰写"给家长的一封信"。如有必要，召开家长会，明确本次活动的目的及要求。

③活动确定后，需要与保健室、保卫小组、食堂、后勤进行沟通，商量合作事宜。

④如需外出，必须在活动前进行踩点，确定活动地点的安全性，并了解场地的疏散通道。

⑤成立活动安全小组，并召开安全会，明确每个小组成员的职责。活动前，老师要对幼儿进行安全和环保教育。

⑥如果在园外活动，教师要携带家园联系卡，确保在活动中随时能跟家长取得联系。以班为单位准备签到表。提醒家长携带接送卡。

⑦如需交通工具，必须提前确定好车辆，保证每个幼儿都有座位。

⑧活动过程中，班级教师要组织好自己班的幼儿，按时清点幼儿人数。

⑨家长或其他教师带离幼儿，必须跟班级教师打招呼。

⑩及时撰写活动消息，进行宣传。

（2）园所大型活动安全预案

活动安全预案包括：活动时间、活动地点、活动目标、参与活动人员及人数、活动准备、活动过程及安排、活动要求、突发事件上报流程、安全小组成员名单。

①参与活动人员要写明人员身份、人数。

②活动准备写清活动需要的物品、数量。

③活动过程要写清活动集合时间及持续时间，每个活动环节的时间及安排。

④如需带食品，请写清食品来源。

⑤一般情况下，突发事件的上报流程与园内的突发事件上报流程一致，如有特殊变化，需在预案中注明。

（3）致家长的一封信

①内容：阐明活动的意义、活动时间、活动地点、参加对象、活动目标、活动过程及回执单。

②活动过程要包括：集合时间、家长签到地点及活动安排。

③要以信的格式书写。

4. 举行教师大型活动的注意事项

①至少提前半月起草活动计划，交园务会讨论批准。

②由组织者召集活动筹备会，确定活动策划方案、主持等活动事宜。

③活动确定后，需要与保健室、保卫小组、食堂、后勤进行沟通，商量合作事宜。

④如需外出，必须在活动前进行踩点，确定活动地点的安全性，并了解场地的疏散通道。

⑤成立活动安全小组，并召开安全会，明确每个小组成员的职责。组织者要建立教师联系册，确保活动过程中与其他老师保持通信畅通。

⑥如需交通工具，必须提前确定好车辆，保证每个教师都有座位。

⑦教师如不能参加活动，必须与组织者请假。

⑧活动开始前，组织者要确保场地及设备准备妥当。

⑨准备好摄像、照相器材，注意资料的留存。

⑩活动后，及时整理照片和视频，并撰写信息。做好资料的保存工作。

5. 批阅教师计划的注意事项

（1）规章制度

①每周四下午四点之前，教师将下周的教育计划上交管理者。管理者登记并记录上交情况。

②及时提醒不能按时上交计划的教师。

③对不能完成本项工作的教师给予及时反馈并作相关处理。

④管理者要及时对教师在计划中反映出的问题进行回应和反馈。

⑤进班看活动时，先了解教师当日活动计划。如计划有调整需写明调整的原因。

（2）周计划书写注意事项与格式

【示例】

　　　周计划　　日期：　月　日—　月　日（上午班/下午班）

　　一、本周工作重点（体现出五大领域在本周的总目标，符合幼儿年龄特点）

　　1. 语言

2. 科学（包括数学）

3. 艺术（音乐或美术）

4. 社会

5. 健康

二、生活活动（两至三个生活环节，目标具体明确，上下午班有所区别）

重点指导：

目标：

三、区域活动（两至三个重点指导的活动区，目标具体明确，材料投放有目的、有调整）

（一）××区

目标：

材料：

（二）××区

……

四、户外活动

（一）基本动作训练（结合体能测试里面的基本动作，目标的撰写要体现动作要领的练习）

目标：

材料：

（二）集体活动

1. 早操/课间操（包括徒手操、器械操、武术操、集体舞等。课间操的目标明确）

2. 集体游戏（至少两个，一个游戏需要材料，一个游戏需要有基本动作训练中的动作）

目标：

材料：

游戏玩法：

（三）分散活动（目标的制订体现安全教育和幼儿的自主性；材料投放

体现丰富及多样性）

目标：

材料：

五、家长工作（多种形式）

（明确具体，家园栏更换体现具体内容）

（3）日计划书写注意事项

①教育活动。

a. 活动名称清楚明确，体现领域名称。

b. 活动目标制订为发展目标，目标制订合理可行。

c. 活动准备包括经验准备和物质准备。

d. 活动过程具体明确，能够体现关键性问题。

②生活活动（至少重点指导两个生活环节）。

a. 明确重点指导的生活环节。

b. 目标制订具体明确。

c. 能体现幼儿生活习惯和能力的养成。

③区域活动（至少重点指导两个区域）。

a. 明确重点指导的区域。

b. 目标制订具体明确。

c. 材料准备具体可操作，有层次性，尽可能体现出教师投放的支持性材料。

d. 指导策略具体明确，可操作。

④户外活动中的集体活动。

a. 课间操：目标制订具体明确，不同的操体现不同的作用。

b. 集体游戏：目标制订具体明确；材料准备具体可操作；游戏的情境性、趣味性强。

⑤户外活动中的分散游戏。

目标制订具体明确；材料准备具体可操作；体现丰富性。

6. 批阅教师笔记的注意事项

（1）规章制度

①每周五下午四点之前，教师将本周教育笔记上交管理者。管理者登记

并记录上交情况。

②及时提醒不能按时上交笔记的教师。

③对不能完成本项工作的教师给予及时反馈并作相关处理。

④教育笔记是教师对自身工作的反思或者困惑的真实反映，不得从网上下载，如发现，需要和教师谈话反馈并要求重新提交笔记。

⑤管理者要及时回应教师在笔记中反映出的问题；对教师的困惑有跟进行指导；对不正确的教育方法及时提出调整建议。

（2）写作方面

①标题清晰明确。

②文章通篇完整，段落层次清晰，有开头结尾。

③标点符号运用准确，无错别字。

④措辞准确，语句通顺，无病句。

（3）专业方面

①教育案例：叙事清楚、生动，不记流水账；能体现师幼、幼幼之间的互动；能依据当前的教育理念进行分析或总结。

②学习故事：可以任意人称关系进行叙述；体现幼儿学习过程；叙事有分析（识别），有回应；有体现幼儿学习过程的照片插入。

（七）　年级组长

时间	工作内容	工作方式	档案材料
八月	协助组织全体教师制订学期（学年）教学大纲	参与式培训、讲座	培训讲座的文字稿、PPT、照片
	组织教师学习保教手册	交流	文字稿
	指导各班教师进行开学准备工作（环境创设、区角到位、家长工作、全面卫生消毒等）	进班指导	文字稿（调整过程）、照片
	指导班长开展班级各项工作	进班交流	交流记录

（续）

时间		工作内容	工作方式	档案材料
九月	第一周	收集、整理各班学期计划	保教部门讨论制订	文字稿
		指导各班进行幼儿发展评估测查（全测）	交流	交流记录
		协助保教主任指导各班进行环境创设	进班	进班记录、照片、文字稿
		协助指导教师进行班级幼儿常规培养	各班讨论制订、进班	进班记录
		指导班长开展班级各项工作	进班交流	交流记录
	第二周	协助保教主任有计划有重点地组织本组老师开展业务学习及教研活动	进班、记录、反馈、会议	进班记录、反馈记录
		收集整理各班提交的幼儿测评报告（全测）	收集	测评报告
		协助保教主任指导各班家长会工作	进班	照片
		协助保教主任指导教师进行班级幼儿常规培养	交流	交流记录
		指导班长开展班级各项工作	进班交流	交流记录

（续）

时间		工作内容	工作方式	档案材料
九月	第三周	进班了解班级常规性工作进展	进班、记录、反馈	进班记录
		进班指导日常带班工作、安全、卫生	进班	反馈记录
		指导教师进行班级幼儿常规培养	进班	进班记录
		协助组织各班召开家长会	会议	家长工作记录
		协助指导各班进行环境创设（区角材料投放、主题活动开展等）	进班	记录、照片
		指导班长开展班级各项工作	进班交流	进班记录
	第四周	进班了解班级常规性工作进展	进班、记录、反馈	进班记录
		协助指导教师进行班级幼儿常规培养	进班交流、教研	教研记录、照片
		协助组织教师开展环境创设交流研讨		
		参与开展园本教研活动	教研形式灵活多样	教研记录、照片
		指导班长开展班级各项工作	进班交流	进班记录
		提醒班长召开班会，总结当月工作，布置下月重点工作	交流	交流记录

（续）

时间	工作内容	工作方式	档案材料
十月	参与开展园本教研活动（每两周一次）	参与	学习记录
	进班指导班级工作、环境创设	进班互动	进班记录
	参与班级召开的班会	进班	进班记录
	检查班长的各项工作落实情况	访谈、检查	指导记录
	协助组织各班组秋游活动（确定地点、组织采点、制订安全预案）	协助外出	活动预案
	参与开展园本课题的研究	研究、讨论	会议记录
	指导班长开展班级各项工作	进班交流	相关文字稿
	协助组织各班开展常规交流	观摩	照片、会议记录
	提醒班长召开班会，总结当月工作，布置下月重点工作	交流	交流记录
十一月	进班指导班级工作、环境创设、区域活动等	进班互动	进班记录
	协助组织召开汇操、体育运动会，创编徒手操、武术等	展示交流	照片
	继续参与开展园本教研	参与	教研记录、照片

（续）

时间	工作内容	工作方式	档案材料
十一月	参与开展园本课题的研究	研究、讨论	会议记录
	协助开展家长学校活动（半日开放、小型家长会、研讨会等）	互动、体验、讲座	相关文字稿、PPT、照片
	指导各班开展冬锻	进班	进班记录
	协助组织教师交流笔记（第一次）	文字交流	交流笔记、教师评价
	指导班长开展班级各项工作	进班交流	进班记录
	提醒班长召开班会，总结当月工作，布置下月重点工作	交流	交流记录
十二月	进班指导班级工作、环境创设、幼儿活动反馈等	进班互动	进班记录
	协助开展园本教研活动	参与	教研记录、照片
	指导各班新年活动的各项准备工作、新年活动计划、布置等（包括安全预案）	交流	活动照片、活动计划
	整理收集各项总结：班总结、组总结；班级幼儿测评；主题活动案例集	各班讨论总结，组长把关	文字稿

（续）

时间	工作内容	工作方式	档案材料
十二月	协助组织教师交流笔记（第二次）	交流	文字稿
	协助组织家长学校，指导教师家长半日开放活动	座谈、问卷	座谈记录、问卷留档
	收集、整理幼儿发展评估抽测	参与	评估报告
	提醒班长召开班会，总结当月工作，布置下月重点工作	交流	文字稿
一月	协助开展假期教师集中培训	讲座、互动、体验、分享	文字稿、PPT、教师培训体会
	协助督促各组进行收尾工作	进班	进班记录
	总结教研组工作	撰写	总结文字稿
二月	思考新学期教研组计划的内容	网络、电话交流	文字稿
	协助指导各班教师进行开学准备工作（环境创设、区角到位、家长工作、全面卫生消毒等）	进班	进班记录
	指导班长开展班级各项工作	交流	交流记录

（续）

时间		工作内容	工作方式	档案材料
三月	第一周	收集、整理、调整各班学期计划	各班讨论制订，组长把关	会议记录
		协助指导各班恢复幼儿常规	进班	进班记录
		协助指导各班进行环境创设	进班	进班记录
		协助指导教师进行班级幼儿常规培养	进班	进班记录
		指导班长开展班级各项工作	进班	进班记录
		提醒教师上报考核活动	交流	交流记录
	第二周	进班了解班级常规性工作进展	进班、记录、反馈	进班记录
		协助指导教师进行班级幼儿常规培养	进班	反馈记录
		指导班长开展班级各项工作	进班	进班记录
	第三周	进班了解班级常规性工作进展	进班、记录、反馈	进班记录
		进班指导和坚持日常班级工作	进班	进班记录
		召开学期家长会（大班做好幼小衔接）	线上或线下家长会	文字稿、家长会签到表、照片

（续）

时间		工作内容	工作方式	档案材料
三月	第三周	协助指导教师进行班级幼儿常规培养	进班	进班记录
		指导班长开展班级各项工作	进班	进班记录
		协助指导新教师出师课	交流、观摩	记录、照片
	第四周	协助家长学校讲座（园、各班组）	互动、体验、讲座	文字稿、PPT
		协助组织教师交流研讨环境创设	进班交流分析	照片
		参与园本教研活动	交流	教研记录、学习记录、照片
		协助指导教师进行班级幼儿常规培养	进班	进班记录
		指导班长开展班级各项工作	进班	进班记录
		提醒班长召开班会，总结当月工作，布置下月重点工作	交流	交流记录
四月		继续协助开展园本教研活动（每两周一次）	教研形式灵活多样	教研记录、照片
		进班指导班级工作、环境创设	进班	进班记录
		参与班级召开的班会	进班	进班记录

（续）

时间	工作内容	工作方式	档案材料
四月	检查班长各项工作的落实情况	访谈、检查	记录
	协助开展教育系统职称评审工作	实践、研究	职称评审小组讨论、记录
	协助各班秋游活动（确定地点、组织采点、制订安全预案）	协助外出	活动预案
	参与开展园本课题的研究	研究、讨论	会议记录、课题研究相关文字稿
	协助教师交流笔记（第一次）	交流	记录、教师评价
	协助指导教师开展阳光体育活动	交流	教案
	提醒班长召开班会，总结当月工作，布置下月重点工作	交流	交流记录
五月	进班指导班级工作、环境创设、区域活动等	进班互动	进班记录
	组织召开汇操、体育运动会，创编轻器械操等	展示交流	照片
	协助继续开展园本教研	参与	教研记录、照片
	参与开展园本课题的研究	研究、讨论	会议记录、课题研究相关文字稿
	协助开展家长学校活动（半日开放、小型家长会、研讨会等）	互动、体验、讲座	文字稿、PPT、照片

（续）

时间	工作内容	工作方式	档案材料
五月	协助指导教师进行阳光体育的测查	交流	交流记录
	协助指导教师进行班级幼儿常规培养	进班	进班记录
	指导班长开展各班各项工作	进班	进班记录
六月	进班指导班级工作、环境创设、幼儿活动反馈等	进班互动	进班记录
	参与开展园本教研活动	参与	教研记录、照片
	协助指导"六一"活动的各项准备工作并制订"六一"活动计划	交流	交流记录
	整理收集各项总结：班总结、组总结；组幼儿测评及分析；主题活动案例集	各班讨论总结，组长把关	活动照片、活动计划
	参与骨干教师工作总结及汇报	会议	文字稿
	组织教师交流笔记（第二次）	文字交流	交流文档
	协助开展家长学校	文字交流	照片、文字稿
	协助开展学年考核工作	交流	交流记录
	提醒班长召开班会，总结当月工作，布置下月重点工作	会议	记录、总结

（续）

时间	工作内容	工作方式	档案材料
七月	思考新学期教研计划的方案，并征求园长意见	网络、电话交流	文字稿
	督促各班收尾	进班检查	无

1. 年级组计划书写格式

【示 例】

（　　年　月——　　年　月）第（　）学期（　）班年级组工作计划

一、本组幼儿情况分析

（一）本组幼儿发展中存在的优势（结合学期末幼儿发展评估抽测测评情况分析）

健康发展：（1）（2）（3）…

科学发展：（1）（2）（3）…

社会发展：（1）（2）（3）…

艺术发展：（1）（2）（3）…

语言发展：（1）（2）（3）…

（二）本组幼儿发展中存在的不足

健康发展：（1）（2）（3）…

科学发展：（1）（2）（3）…

社会发展：（1）（2）（3）…

艺术发展：（1）（2）（3）…

语言发展：（1）（2）（3）…

（第一学期加上对本组教师的整体分析）

二、×（大/中/小）班年级组整体计划

（一）本学期年级组工作重点

（二）本学期年级组工作目标

（三）本学期年级组工作安排

时间	目的	内容	形式	备注
九月				
十月				
十一月				
十二月				

时间	目的	内容	形式	备注
三月				
四月				
五月				
六月				

2. 年级组工作总结书写格式

【示 例】

××幼儿园（　　　）班年级组工作总结

（　　年　月——　　年　月）第（　）学期

一、本组幼儿发展情况

（结合幼儿测评数据进行分析）

（一）优势

健康：（1）（2）（3）…

科学：（1）（2）（3）…

社会：（1）（2）（3）…

艺术：（1）（2）（3）…

语言：（1）（2）（3）…

（二）不足

健康：（1）（2）（3）…

科学：（1）（2）（3）…

社会：（1）（2）（3）…

艺术：（1）（2）（3）…

语言：（1）（2）（3）…

二、本组教师发展情况分析

（一）优势

（二）不足

三、年级组教研工作开展情况

四、教育教学方面

五、家长工作方面

六、其他工作

七、需要调整的方面及下学期工作重点

3. 年级组计划和总结注意事项

①了解幼儿园整体计划及保教计划，把握好工作重点及研究方向。

②协助保教主任，根据全园工作重点和保教、教研工作实际，在学期初制订本年级组的工作计划。

③能够依据年级组计划协调安排本年级组各项工作。

④制订的年级组计划要依据幼儿园全园计划和保教计划，并加强与各班教师的沟通，计划切实可行，符合本组幼儿及教师的发展需求。

⑤年级组计划及总结需在规定的时间内完成并上交，提高工作效率。

⑥年级组计划及总结按正规的格式进行书写。

⑦对于开展的活动要以文字、照片等形式进行留档。

4. 年级组发展评估分析注意事项

①年级组的发展评估分析是在班级发展评估的基础上进行再统计的分析，既是对本学期幼儿的发展评估，又是下一学期保教计划的根据。包括三部分：一是数据统计，二是数据分析，三是小结。

②数据统计要分班分领域进行，首先横向统计，按照班级统计每一项处于Ⅰ、Ⅱ、Ⅲ级孩子的数量。再做纵向统计，所有班在一个领域的每一项中，处于Ⅰ、Ⅱ、Ⅲ级的总人数及百分比。

③数据分析是指基于数据，对年级组在一个领域的发展水平进行的分析。包括每个班在该领域发展的特点，并确定下学期的重点工作。

④做完数据统计和分析后，要做一个简短的小结，总结本学期年级组幼儿发展的优势与不足，并提出下一步的发展方向。

⑤数据要真实，分析要客观。

二、保教人员岗位

（一） 班长教师

1. 班长教师学年常规工作

时间	工作内容	工作方式	档案材料
八月底	制订学期计划	召开班会，共同商讨	文字电子版
	制订逐月计划	召开班会，共同商讨	文字电子版
	制订主题活动	召开班会，共同商讨	文字电子版
	打扫班级卫生	劳动	无
	布置家园栏	与班级成员合作	家园栏内容
	熟悉班级幼儿情况	与原班老师交流	交流记录
九月	创设班级环境	带领班成员共同商讨创设	墙饰内容
	区域材料投放和调整		区域材料到位
	常规恢复和梳理	召开班会、日常工作	班会记录
	幼儿发展评估测评及分析	安排班级成员共同测评	文字电子版
	召开家长会	家长会	家长签到表、家长会内容电子版
	更换家园栏内容	根据家长需求、季节、安全等内容进行调整	家园栏内容
	创编幼儿韵律操	日常户外活动	韵律操、器械操的文字及视频

（续）

时间	工作内容	工作方式	档案材料
九月	本学期及本月班级日常工作和开展活动的梳理	召开班会	班会记录
	带领班级教师开展班级安全和节约活动	教育活动	文字电子版
	本月班级工作总结	召开班会	文字电子版、班会记录
	班级安全自查	检查班级水电安全等	安全自查表
	月底被褥的退换（本月为毛巾被）	整理好被褥，写好幼儿姓名，晚间离园时退回	消毒卫生记录
十月	主题活动开展及墙饰内容跟进	日常教育教学	墙饰环境
	家长开放日	班级开放活动	计划电子版、家长签到表
	带领班级教师开展班级安全和节约活动	教育活动	计划电子版
	幼儿秋游	根据幼儿园安排	安全预案电子版、秋游计划电子版
	更换家园栏内容	根据家长需求、季节、安全等内容进行调整	家园栏内容
	针对班级日常工作及问题进行反思调整	召开班会	班会记录

（续）

时间	工作内容	工作方式	档案材料
十月	本月班级工作总结	召开班会	文字电子版、班会记录
	班级安全自查	检查班级水电安全等	安全自查表
	月底被褥的退换（本月为薄被）	整理好被褥，写好幼儿姓名，晚间离园时退回	消毒卫生记录
十一月	主题活动开展及墙饰内容跟进	日常教育教学	墙饰环境
	带领班级教师开展班级安全和节约活动	教育活动	计划电子版
	更换家园栏内容	根据家长需求、季节、安全等内容进行调整	家园栏内容
	秋季运动会或亲子活动	根据年级计划，共同开展	预案、计划、实施过程的文字稿、照片
	针对班级日常工作及问题进行反思调整	召开班会	班会记录
	本月班级工作总结	召开班会	文字电子版、班会记录
	班级安全自查	检查班级水电安全等	安全自查表
	家长开放日	班级开放活动	计划电子版、家长签到表
	月底被褥的退换（本月为厚被）	整理好被褥，写好幼儿姓名，晚间离园时退回	消毒卫生记录
十二月	主题活动开展及墙饰内容跟进	日常教育教学	墙饰环境

（续）

时间	工作内容	工作方式	档案材料
十二月	带领班级教师开展班级安全和节约活动	教育活动	计划电子版
	更换家园栏内容	根据家长需求、季节、安全等内容进行调整	家园栏内容
	针对班级日常工作及问题进行反思调整	召开班会	班会记录
	新年班级环境创设	带领班员和幼儿一同布置班级新年环境	环境
	新年活动	家长开放活动	新年计划电子版、安全预案
	本月班级工作总结	召开班会	文字电子版、班会记录
	班级安全自查	检查班级水电安全等	安全自查表
	幼儿发展评估抽测	抽测10名幼儿发展评估	文字电子版
	月底被褥的退换（本月为厚被）	整理好被褥，写好幼儿姓名，晚间离园时退回	消毒卫生记录
一月初	学期工作总结	召开班会	文字电子版
	班级环境留档	拍照	照片电子版
	整理上交家园栏内容	将家园栏装订成册	家园栏册
	上交班级各种文字材料	上交主任	电子版、文字版
	班级环境收尾	整理班级区域材料，打扫卫生，清点毛巾、水杯、消毒布数量，断水断电	无

（续）

时间	工作内容	工作方式	档案材料
二月底	制订学期计划	召开班会，共同商讨	文字电子版
	制订逐月计划		
	制订主题活动		
	打扫班级卫生	劳动	无
	班级区角环境整理	劳动	无
	布置家园栏	与班级成员合作	家园栏内容
三月	创设班级环境	带领班成员商讨创设	墙饰内容
	区域材料投放和调整	带领班成员商讨创设	区域材料到位
	常规恢复和梳理	召开班会、日常工作	班会记录
	召开家长会	家长会	家长签到表、家长会内容电子版
	更换家园栏内容	根据家长需求、季节、安全等内容进行调整	家园栏内容
	本学期及本月班级日常工作和开展活动的梳理	召开班会	班会记录
	带领班级教师开展班级安全和节约活动	教育活动	文字电子版
	本月班级工作总结	召开班会	文字电子版、班会记录
	班级安全自查	检查班级水电安全等	安全自查表
	月底被褥的退换（本月为薄被）	整理好被褥，写好幼儿姓名，晚间离园时退回	消毒卫生记录

（续）

时间	工作内容	工作方式	档案材料
四月	主题活动开展及墙饰内容跟进	日常教育教学	墙饰环境
	家长开放日	班级开放活动	计划电子版、家长签到表
	带领班级教师开展班级安全和节约活动	教育活动	计划电子版
	幼儿春游	根据幼儿园安排	安全预案电子版、春游计划电子版
	更换家园栏内容	根据家长需求、季节、安全等内容进行调整	家园栏内容
	针对班级日常工作问题进行反思调整	召开班会	班会记录
	本月班级工作总结	召开班会	文字电子版、班会记录
	班级安全自查	检查班级水电安全等	安全自查表
	月底被褥的退换（本月为厚被）	整理好被褥，写好幼儿姓名，晚间离园时退回	消毒卫生记录
五月	主题活动开展及墙饰内容跟进	日常教育教学	墙饰环境
	带领班级教师开展班级安全和节约活动	教育活动	计划电子版
	更换家园栏内容	根据家长需求、季节、安全等内容进行调整	家园栏内容

（续）

时间	工作内容	工作方式	档案材料
五月	参观小学	结合幼儿园安排带领幼儿参观小学	照片
	针对班级日常工作及问题进行反思调整	召开班会	班会记录
	本月班级工作总结	召开班会	文字电子版、班会记录
	班级安全自查	检查班级水电安全等	安全自查表
	体能测试	户外活动练习和测试	幼儿体能测试表
	毕业照拍摄	根据幼儿园安排进行	毕业照
	确定毕业典礼节目	召开班会	班会记录
	庆"六一"活动	家长开放活动	"六一"活动计划及安全预案电子版
	月底被褥的退换（本月为薄被）	整理好被褥，写好幼儿姓名，晚间离园时退回	消毒卫生记录
六月	主题活动开展及墙饰内容跟进	日常教育教学	墙饰环境
	带领班级教师开展班级安全和节约活动	教育活动	计划电子版
	更换家园栏内容	根据家长需求、季节、安全等内容进行调整	家园栏内容
	针对班级日常工作及问题进行反思调整	召开班会	班会记录
	毕业典礼节目排练	带领班级成员利用空班时间组织幼儿排练	无

（续）

时间	工作内容	工作方式	档案材料
六月	毕业典礼彩排	结合幼儿园安排	无
	毕业典礼	毕业典礼	无
	本月班级工作总结	召开班会	文字电子版、班会记录
	班级安全自查	检查班级水电安全等	安全自查表
	幼儿发展评估全测	幼儿发展评估	文字电子版
	月底被褥的退换（本月为毛巾被）	整理好被褥，写好幼儿姓名，晚间离园时退回	消毒卫生记录
七月初	学期工作总结	召开班会	文字电子版、班会记录
	班级环境留档	拍照	照片电子版
	整理上交家园栏内容	装订家园栏成册	家园栏册
	上交班级各种文字材料	上交主任	电子版、文字版
	班级环境收尾	整理班级区域材料，打扫卫生，清点毛巾、水杯、消毒布数量，断水断电	无
	班级财物交接	与接班班长交接班级各项财物（书籍、玩具、设施设备等）	班级财产交接本

2. 班计划书写格式

（1）书写时间

依据园所保教计划和年级组计划，各班制订本班的班计划。时间在每学期开学第一周完成。

（2）书写内容

①班级现状分析：依据幼儿测评进行分析。

②班级教师分析：依据班级教师情况和发展需求分析。

③教育教学工作（常规培养、主题活动、各区域开展活动）。

④逐月工作安排（卫生保健、安全活动、常规工作、教育教学工作）。

（3）注意事项

①班长在撰写班计划时要以《幼儿园教育指导纲要》《3～6岁儿童学习与发展指南》为中心，以幼儿兴趣点为主，规划出符合本班幼儿年龄特点及水平的教育教学活动。

②班计划要和班中其他两位老师共同商议，达成一致的教育思想，统一教育内容。

③班计划要切实可行，能够落实到位。

④班级计划也可随着幼儿的需求和兴趣进行适当调整。

3. 班总结书写格式

（1）书写时间

每学期末，依据本班实际工作开展情况进行总结。

（2）书写内容

①班级管理工作总结。

a. 思想道德情况。

b. 班级合作情况。

②常规培养工作总结。

a. 常规养成情况。

b. 卫生保健情况。

c. 生活护理情况。

③教育教学工作总结。

a. 日常教学。

b. 环境创设。

c. 特色教学开展。

d. 环境创设。

e. 重大活动开展。

④家园共育工作总结。

⑤努力方向。

（3）注意事项

①班总结撰写要真实，能够将本学期工作的优缺点进行整理。

②班长在对一学期的班级工作进行分析的基础上，提出具体的整改方向。

③班级管理工作、常规培养工作、教育教学工作、家园共育工作主要撰写开展了哪些活动以及取得的效果。

4. 例行班会的注意事项

①班会是班长每月需要组织班中成员共同开展的常规工作。班长主要负责组织班会，和班中另外两位教师一起讨论本班工作。

②班会每月开展 1～2 次。如班中遇突发事件，或是出现一些需要商讨或解决的问题，可以随时召开班会。重大活动前，也应召开一次班会。

③每月初的班会，主要议题为班级工作的探讨和布置，将工作计划和班中两位教师商讨好，明确分工，一起梳理怎样可以互相配合得更好。

④月末的班会主要总结本月班中工作，总结需要调整的地方和下月针对这些问题怎样进行改进，还有上个月的问题是否得到落实和改进。

⑤月末的班会要整理出本月班级工作总结。

⑥每月班会的留档资料：

a. 每周班会记录的手写版。其中要有详细的时间、地点、参会人员和具体班会中与会人员的对话。

b. 每月末的班级工作总结。

c. 学期末的时候将本学期四个月的班级月工作总结、至少 4 份手写班会记录上交留档（如遇节庆、突发事件等也要开班会并记录）。

5. 班级区角设置及要求

（1）活动区的设置应遵循以下原则

①目标性。活动区物化教育目标，与教育目标相结合。通过活动区活动，使幼儿达到或完成教育目标。

②挑战性。活动区材料要具有挑战性，能够引起幼儿的认知冲突，使幼儿在认知冲突中获得发展与提高。

③主动性。活动区材料要有利于调动幼儿学习的积极性与主动性，使幼儿在活动中实现主动发展。

④参与性。活动区材料的创意、收集、准备、制作、使用、收拾、整理等各个环节都要有幼儿参与。活动区的规划、创设也要有幼儿的参与，但不同年龄班幼儿的参与方式不同。

a. 小班、中班：教师应多听取、采纳幼儿的建议，引导他们主动参与活动区环境的创设。

b. 大班：在尊重幼儿的兴趣及需要的基础上，教师应结合教育目标，引导幼儿自主创设，并参与幼儿的自主创设活动。

⑤灵活性。

a. 内容方面：活动区的内容可随幼儿的兴趣、需要而随时调整。

b. 形式方面：同一内容可用不同的形式来表现。

c. 空间方面：根据游戏的需要决定活动区在教室中的位置和所占空间。

d. 时间方面：教师根据幼儿游戏的兴趣与愿望决定活动区在班级中保留的时间。

e. 人数方面：教师引导幼儿根据游戏的需要调节人数。

活动区的教育功能是综合的。各活动区之间可相对独立，也可以建立联系。活动区的材料允许幼儿根据活动需要跨区使用。教师要引导幼儿在使用材料后注意收拾和整理，将其归回原位。教师还应为幼儿提供适宜他们感知的音乐环境、文学环境，引导他们感受、理解和表达。此外，教师应提供适宜幼儿操作的户外体育活动器械。

（2）各年龄班区域设置的基本要求

①小班区角设置及要求。

A. 角色区（必有）

a. 环境使幼儿感到轻松、有安全感，能自由地想象与创造。

b. 基本材料：娃娃、娃娃床、储物柜、桌子、操作台、服饰、餐具、炊具、电器、清洁用品、医生用品、食品、橡皮泥（或油面）、积木等。

c. 入园初期可设置多个娃娃家，并以幼儿熟悉的小动物冠名，如小兔的家、小花猫的家等。随幼儿生活经验的扩展，应为幼儿提供更多的主题，如医院、餐厅、商店等。

d. 尽可能多地提供半成品和废旧材料，使幼儿根据自己的需要和想象随意改造。提供对游戏主题有暗示作用的材料。

e. 提供不同性别、不同面部特征的娃娃。

f. 针对个别幼儿的兴趣需要，及时提供或更换游戏材料。

g. 与家长、幼儿共同收集材料。准备材料分类箱，随时将收集的材料放好，以便使用。

B. 表演区（必有）

a. 提供相对宽敞、开放的空间，远离安静的区域，可安排在主活动室之外，如门厅、睡眠室等地方。

b. 基本材料：

道具类：舞台、头饰、服装、手偶、化妆盒。

乐器类：铃鼓、碰钟、手铃、响板。

设备类：录音机、磁带、话筒、图书。

c. 通过投放丰富的材料，激发幼儿的表演兴趣，满足幼儿的表演欲望。

d. 经常更换材料，包括反映不同性别、角色、文化的材料。

e. 投放的服装应漂亮、吸引人，便于幼儿穿脱。定期对服装进行清洗消毒。

f. 表演背景要简洁明快，内容易于幼儿理解或模仿。制作可移动的背景，投放的材料能够一物多用，如可移动的树干、花草、小动物等，既可充当背景，又可用作表演道具。

g. 根据表演游戏的需要，和幼儿一起制作与主题相关的墙饰。

C. 美工区（必有）

a. 桌椅高度要适合。

b. 选择光线较好，离水源较近的地方开设美工区。

c. 提供吸水性好的纸张，以及水粉、水彩、彩色墨水等颜料。

d. 提供易抓握的、粗的油画棒（有国际通用的 CP、CE 安全标志）、粗芯的水彩笔和软铅笔（5B～6B）、板刷、颜色鲜艳的彩色纸张。

e. 提供彩面、彩泥（有国际通用的 CP、CE 安全标志）、天然胶泥、卫生纸浆等造型材料。

f. 结合季节变化、幼儿发展需求、教育目标等对美工区的环境与材料进行调整，及时增添耗材。

g. 投放有趣的美术材料（如印章）、工具（如胶水）和一些半成品（如添画）供幼儿选择，使其在自主操作中体验材料的趣味。

h. 引导幼儿搜集自然材料和安全卫生的废旧物品，鼓励幼儿有创意地使用。

i. 各种美工材料分类存放并有明显标记，便于幼儿自主选择和使用。

j. 为幼儿的大胆表现、自由创作创造条件，如提供大的画板、画架、充足的颜料、便于清洗的罩衫或围裙，并在地面铺上废报纸，以满足他们自由涂鸦的需求。

k. 创设欣赏角，和幼儿一起收集生活中的工艺品，同时提供能吸引幼儿欣赏的艺术作品，包括艺术大师的作品。

D. 建构区（必有）

a. 提供远离通道、相对独立、宽敞的环境，方便幼儿运动与搭建。当人多时，有延伸活动的空间和材料。

b. 主材：

●大型建构类：彩色空心积木（大、中、小型）、EVC 等泡沫积木、软体积木（中型）、自制混合积木。

●小型建构类：积塑、积木（小型彩色实心积木）、串珠。

c. 辅材：

●地面：地板、地毯、EVC 地板块等，有利于减少对积木的磨损。

●板材：硬纸板、木板、塑料板等。

●模型玩具：人物、动物、车辆、水果等。

●搭建图例。

●废旧物品：包装盒、塑料瓶、易拉罐、薯片罐等。

d. 提供各种形状的积木或材料，使幼儿在游戏过程中感知不同的形状特征。

e. 提供大量的废旧材料，适时更换。

f. 辅助材料的提供要适时适当，过多或过于频繁地使用辅助材料容易使建构游戏变成幼儿单纯使用辅助材料的活动。

g. 材料可按种类、颜色或大小摆放，贴上标记，便于幼儿识记与收放。

E. 益智区（必有）

a. 提供光线较好、相对安静的环境。

b. 基本材料：

●穿孔类：珠子、纽扣、穿线板，长短、粗细适宜的线和绳。

●镶嵌类：镶嵌板、镶嵌盒。

●套叠类：套桶、套碗。

●拼图类：平面、六面、立体拼图。

●什物类：夹子、筷子、勺子、珠子、纸团。

●触物类：摸箱、摸袋。

c. 为幼儿提供可以自主调控的环境，如提供一些临时性软垫，如果在椅子上坐累了，就可以坐在软垫上面玩。

d. 提供符合幼儿身高的开放式玩具柜，方便幼儿看、选。

e. 确保游戏材料的安全，如游戏材料不宜过于细小；用来游戏的药瓶、药盒等要用消毒水彻底清洗干净，保证无毒无害；经常进行安全检查，确保材料无毛刺、无破损。

f. 材料有序摆放，一方面便于幼儿取、玩，另一方面为幼儿营造舒适整洁的游戏环境。

g. 入园初期，适宜投放有声响、色彩鲜艳、操作难度小、结实耐用的成品玩具。如敲打类玩具、电动汽车等。

h. 入园初期，投放材料的种类可以相对少，但数量要多，以满足所有幼儿求同的需要。

i. 可以提供不同质地、形状、大小、薄厚、颜色、长短和数量的同类材料，使幼儿在摆弄的过程中感知数、量的变化，同时也给幼儿提供自主选择的机会。

j. 提供可以发展幼儿穿、系、拼、拧、套、盖、夹、摸的玩具及材料，促进其手指、手腕灵活性及手眼协调性的发展。

k. 教师自制的玩具在玩法上要渗透多种教育目标，如感知"1和许多"概念的"插鱼鳞"玩具，即一片片插上就成了许多，许多又可以分成一个个；可以引导幼儿数一数，今天你给几条小鱼插鱼鳞了，渗透点数。

l. 材料的投放要有层次性，同时还要有渐进性，应适合不同发展水平的幼儿，尽量使每位幼儿都能获得成功的体验。如串珠线有长有短、有软有硬等。幼儿刚开始玩串珠游戏时，线的长度要稍短一些，最好有一定的硬度，使幼儿易于操作。

m. 为幼儿制作的玩具或投放的材料要富于变化，使幼儿体验不同玩法的乐趣，如自制小火车的车厢既可以粘在一起玩，又能放在纸筒里摇着听声音。

F. 科学区（包含自然角）（必有）

a. 提供一个安静、相对封闭、集中的环境。最好是有自然光线、朝阳的房间。

b. 基本材料：

●声：传声玩具、发声玩具。

●光：聚散光、折射光。

●水：沉浮玩具、大小不同的容器。

●空气：小火箭、降落伞、风筝、风车。

●色：颜料、毛笔、纸、棉签等。

●味：各种气味瓶。

●力：天平、回力玩具、上弦玩具、挤压玩具。

●运动：陀螺、球。

●饲养：鱼缸等不同容器。

●种植：花盆、器皿。

c. 材料摆放有序，便于幼儿了解和使用。经常更换材料，避免幼儿失去兴趣。

d. 为幼儿自由探索发现创设宽松的精神环境。让幼儿知道老师也有不知道或错的时候，尽量缓解教师的权威感给幼儿带来的压力。

e. 提供能够引发一定科学现象的材料，让幼儿在操作活动中感受并发现其中蕴涵的有趣的科学现象，如有斜坡的材料和不同大小的球，引导幼儿感受斜面坡度和球滚落速度之间的关系；用木头、纸盒、铁片等不同材料制作的架子鼓，引导幼儿感受不同的声音。

f. 结合幼儿的兴趣投放相应材料，如幼儿在户外活动中捉到的小虫、想要种植的种子等。

g. 为幼儿提供色彩鲜艳的动植物图书或其他资料，引发幼儿的讨论。

h. 科学区的动植物应是有生命的，避免"以假乱真"，如不要用假水果代替真水果。

G. 语言区（必有）

a. 选择安静、光线适宜的空间，与相对安静的活动区相邻。

b. 提供便于幼儿取放图书的开放式书架，能让幼儿看到书的封面很重要。此外还可提供桌椅、地毯、靠垫等。

c. 提供各种类型的图书，激发幼儿的阅读兴趣。如故事书、无字书、儿童杂志、自制书、认知类的图书等。

d. 提供结实、不易损坏的图书。

e. 提供游戏书（如形状像鞋子、汽车的书，可操作的立体书等）。

f. 提供录音机、耳机、故事磁带（故事要短，讲述者的声音要有表现力）等，发展幼儿的听力。

g. 提供幼儿讲述及表演的材料，如玩偶、手偶、话筒、图片、影集、头饰、道具等。

h. 为幼儿提供书写材料，幼儿最初的"写"就是一种涂鸦。

i. 定期更换图书，同样的书多放几本。

j. 按书的大小或类型分类摆放。

H. 沙水区（依据情况设置）

a. 基本材料：

● 沙土、沙坑（沙盘、沙箱）、水池。

● 沙水玩具、模具。

b. 辅助材料：人物、动植物、车辆、塑料袋、漏斗、小碗、塑料瓶、气球、磁铁等。

c. 清洁用品：围裙、肥皂、抹布、墩布等。

d. 提供不同容积的容器，引导幼儿感受沙、水量的多少。

I. 休闲区（依据情况设置）

a. 为幼儿提供丰富多样的休闲角落，满足不同幼儿的需要。它可以是固定的，也可以是移动、变化的。如在地垫上放小被子、小靠垫、毛绒玩具等，供幼儿玩累时休息。在活动区的一角放几把舒适的椅子或小沙发，有随手可取的玩具、图书等。用大纸箱等废旧材料做成幼儿的"家"。

b. 根据幼儿活动量的大小，适当安排幼儿的休闲时间，让幼儿有放松、调整、随意活动的机会。根据幼儿的不同需求，随时调整休闲的方式和内容。幼儿的休闲既可以是集体的、小组的，也可以是个人的。幼儿可以根据自己的需要，随时进入休闲区。

c. 满足不同幼儿的需要，给幼儿营造家一样温馨和舒适的环境，如播放轻松的音乐，讲幼儿喜欢听的故事等。

d. 提供个人空间，满足幼儿独处的需要。

e. 户外活动时也要适当安排幼儿休闲和放松，如提供一些可以休息的椅子、垫子等。

J. 运动区（必有）

a. 提供自然、宽敞、便于运动的活动场地。保证每日 1～2 个小时的户外活动时间。

b. 提供各种运动器械和色彩鲜艳、趣味性强的材料，激发幼儿对走、跑、跳跃、投掷、钻爬、攀登的兴趣。

c. 同种器械在数量上应有保证，并考虑上下肢运动的平衡，供幼儿自由选择。

d. 适当创设室内运动的条件，如铺上地毯供幼儿玩手膝爬的游戏，利用桌子玩钻的游戏。

e. 充分利用园内现有的自然条件（台阶、甬道等）为幼儿提供运动游戏的机会，如在甬道边上玩走小桥的游戏练习平衡，在第一级台阶上玩跳小伞的游戏，发展跳跃及平衡能力等。

f. 通过游戏化的情境激发幼儿运动的积极性，如在平衡木桩的一头放上幼儿喜欢的小动物形象，另一头放上小动物喜欢吃的食物，幼儿在走平衡木的时候就会想象是在给小动物送食物。

g. 活动前带领幼儿做准备活动，并检查器械、场地、服装的安全性。

h. 告诉幼儿哪些地方或动作是危险的，增强幼儿的自我保护意识。

i. 用音乐营造良好的活动氛围。

j. 各运动区设有幼儿易于理解的标志，方便幼儿自主选择，比如跳跃区可以用小白兔作为标志，爬行区可以用小乌龟作为标志等。

②中班区域设置及要求。

A. 角色区（必有）

a. 创设宽松、和谐的精神环境。

b. 提供远离安静区、空间较大且呈开放性的游戏环境。

c. 提供生活化的游戏环境，便于幼儿再现生活经验，如符合幼儿身高的床、操作台、沙发、柜子等家具。

d. 提供可调整的游戏设施，如娃娃家居室可变，医院科室设置可变，商店售货形式可变。

e. 教师与幼儿共同为游戏区域起名字，制作角色区的标志，调动幼儿参与游戏的积极性。如美发厅的旋转标志、邮局的邮筒、麦当劳的"M"标志等。

f. 提供真实的操作材料，如各种蔬菜、面团、镜子、听诊器、电话、发卡等。

g. 提供代表不同角色的服装、道具，如爸爸的领带、妈妈的项链、爷爷奶奶的眼镜框、厨师的厨师帽、医生的白大褂等。

h. 提供便于操作的游戏工具，如炊具、餐具、美发工具、医用器材等。

i. 游戏材料的摆放便于幼儿活动和取放。

j. 通过观察、谈话等形式，了解幼儿的生活内容和游戏需要。如幼儿周末的活动内容，过生日的方式，游戏需要的材料和道具。

k. 通过介绍职业、亲子同游、收集材料等形式，积极发挥家长及社区的教育资源。

B. 表演区（必有）

▲戏剧表演

a. 提供空间，开辟表演游戏的场所，如利用活动室、睡眠室、楼道等空间开设表演区，有条件的幼儿园还可开设小舞台。

b. 激发幼儿参与戏剧表演的愿望。

c. 提供表演角色所需的服装、道具、镜子、剧本、剧照、磁带等材料，满足多方面的表演需要。

d. 鼓励幼儿在表演过程中以物代物。

e. 与幼儿共同制作戏剧表演游戏所需的背景、道具，如节目单、海报、门票、座位号等。

f. 在日常生活中提供欣赏表演的机会，如定期请剧团到园表演，欣赏大班孩子的表演，提供相应的图书、光盘等资料。

g. 鼓励幼儿自编自排一些简单剧目，提供机会，满足他们表现的愿望。如为小朋友、爸爸妈妈表演，到社区表演等。

h. 与幼儿共同讨论物品收放的规则，引导幼儿分类收拾摆放。

▲歌舞表演游戏

a. 为幼儿提供歌舞表演的机会与条件，激发幼儿开展歌舞表演游戏的愿望，如创设一种小舞台；鼓励幼儿为班里的小朋友唱歌；在家里和父母一起唱歌；组织各种以全园或班级为单位的表演活动等。

b. 提供丰富的、能激发表演兴趣的且幼儿需要的各种服装，如民族服装、纱巾、头饰、镜子、录音机、磁带等材料，满足歌舞表演的需要。

c. 教师、家长和幼儿一起收集、制作表演所需的材料、物品，如服装道具、磁带、光盘，准备幼儿熟悉的、节奏稳定且鲜明的歌曲或乐曲的磁带等。

d. 在过渡环节、进餐环节、区域游戏、午睡前、起床时播放不同性质的乐曲，如欢快活泼的、舒缓优美的、雄壮有力的乐曲，供幼儿欣赏。

e. 为幼儿创造各种欣赏舞蹈的机会，如教师表演的舞蹈，观看舞蹈录像，欣赏舞蹈剧照等。

f. 在日常生活中，引导幼儿观察体验生活，积累歌舞表演素材，如擦地、扫地、刷牙等丰富而简单的舞蹈动作。

g. 在表演区投放实用的柜子、衣架及粘钩，为幼儿收拾整理表演材料创造条件。

h. 建议家长在家中经常播放自己和幼儿喜欢的音乐，和幼儿一起唱喜欢的歌曲，感染和影响幼儿；有机会带幼儿听音乐会。

▲器乐表演游戏

a. 分层次、分时段地投放幼儿喜欢和多种类型的乐器，如碟子、瓶子、编钟、各种乐器玩具，吸引幼儿到游戏区来玩。

b. 收集、自制乐器，探索它们发声的奥妙，如利用金属瓶盖、沙砾、各种质地的瓶子等制作乐器。

c. 利用不同途径让幼儿感受和欣赏音乐，如观看录像、听音乐会、听磁带等。

d. 欣赏不同乐器演奏的乐曲，丰富幼儿对器乐的感受，如西洋乐器——管乐、弦乐、架子鼓，民族乐器——腰鼓、手鼓等。

e. 播放熟悉的、节奏鲜明的歌曲或乐曲，感知其节奏与旋律的特点。

f. 丰富节奏型，为音乐及熟悉的歌曲配伴奏。

g. 录制并欣赏幼儿的演奏过程，供幼儿回味与交流。

h. 同幼儿一起讨论乐器的收放规则，如在乐器上和放乐器的地方粘贴相同的标记。

C. 美工区（必有）

▲绘画与欣赏

a. 善于抓住生活中一些美好的事物和艺术作品提高幼儿的欣赏能力。如将大自然中的照片、图片、录像等放在美工区；关注社区周围的建筑艺术、图案艺术等。

b. 在室内或室外开辟作品展示墙，鼓励幼儿将自己的作品进行展示，培养幼儿的成就感和自信心。

c. 将美工材料、工具摆放在易于取放的地方，便于幼儿选择、使用各种美术材料、工具。

d. 提供多种绘画材料、形式，如各色彩笔、各种纸张、拓印、模仿、写生、主题画等，鼓励幼儿参与活动，激发绘画兴趣。

e. 让幼儿接触、使用品种多样的材料和工具。如师生共同收集自然物和废旧材料；与幼儿一起探索可以作为美工材料或工具的物品。

f. 区域设置要相对安静，采光充足。

g. 将环境的创设与近期的绘画目标相结合，展示相关的作品，对幼儿进行感官刺激。

h. 为幼儿创设接触、欣赏多种美术作品的机会和条件，提供经常变化而丰富的美术作品。如充分利用楼道、大厅、教室等空间提供多种题材、多种表现形式的艺术作品。

i. 可提供相关图书供幼儿作为绘画参考，如中班各册儿童用书中的欣赏页。

j. 为幼儿的自由表现创造条件，如美工区提供的围裙；方便用水的场地；易于清洁的地面、桌面；鼓励幼儿大胆地涂色、配色。

k. 家长可以经常带孩子接触大自然和生活中的艺术品，丰富感性经验，积累素材。

▲手工活动与欣赏

a. 教师、家长和幼儿随时收集有利用价值的废旧材料，收集的材料要因地制宜，就地取材，充分利用地区资源。

b. 提供新颖有趣的工具材料以及相关的图书资料。

c. 材料的投放要体现出本班幼儿不同的发展水平，使每一个来这里活动的幼儿既感到快乐，又能在原有水平上有所发展。

d. 操作材料分类摆放，方便幼儿使用。

e. 创设手工艺术作品展览区域，为幼儿欣赏提供经常变化而丰富的手工艺术作品。

f. 鼓励家长参与制作玩具、工艺品、图画等活动，既制作了供孩子欣赏的作品，也开展了亲子活动。

g. 善于抓住生活中一些美好的事物和艺术作品提高幼儿的欣赏能力。如将大自然中景色的照片、图片、录像等放在美工区；关注社区周围、城市、公园等的建筑艺术、雕塑和图案艺术等。

D. 建构区（必有）

▲建筑区

a. 创设与积木数量匹配的活动空间，提供有利于数学能力发展的基本积木和有利于思维发展的异型积木与建构板材。

b. 创设有建构氛围的活动区，提供符合兴趣和游戏发展需要的建构辅材。如建筑图例、交通标志、树、房子、动物、人物、汽车模型等。

c. 创设有主题氛围的活动区，提供有助于表达主题的辅助材料，并引导幼儿突出建筑物的主要特征。

d. 有目的地引导幼儿丰富生活经验。如带幼儿观察周围的建筑物及其图片，讨论其造型和结构方面的特点，知道建筑物有塔楼、板楼、平房等基本样式，房顶有梯形、三角形、平面等基本形状，建筑群有整齐划一或高低错落等分布特点。

e. 建议家长带孩子观察生活中遇到的各种建筑，并有目的地收集一些资料供孩子参考。

f. 将搭建作品保留一段时间，使幼儿之间有自由观摩交流的机会。

g. 引导幼儿对积木和材料进行合理分类，按类收放积木。

h. 建筑区的面积参照 4 名幼儿使用 6 平方米场地的标准。

▲拼插玩具区（桌面建构、中型建构）

a. 丰富幼儿的创作经验，如提供图例、玩具、插接作品等。

b. 提供操作小型建构材料的良好条件，如创设独立的插塑区。

c. 介绍新玩具，鼓励幼儿了解插接的基本方法，并尝试插接方法拼插玩具。

d. 鼓励幼儿为其他区域提供建构成品，体验成功感。如为手机店插手机、为娃娃家插用具、为积木区插汽车、为商店插小商品等。

e. 鼓励幼儿结合自己的经验进行主题式创作，如利用材料表现公园的场景，表现马路上的热闹场面等。

f. 收集整理幼儿的拼插作品供幼儿欣赏，激发幼儿的拼插兴趣并拓宽思路。

g. 鼓励幼儿按图拼插，进而创造性地拼插。

h. 提供机会，让幼儿相互交流拼插作品。

i. 有计划地补充和更换能吸引幼儿插接兴趣和发展插接能力的新材料。

E. 益智区（必有）

▲操作类

a. 为幼儿提供足够的操作空间，尽可能地远离吵闹的区域。

b. 提供展示作品的地方。

c. 有计划、有目的、有层次地投放游戏材料。

d. 提供数量充足的玩具材料，能充分满足幼儿的游戏需求。

精细动作材料：穿孔、镶嵌、拼拆、套叠、什物、触物、编织；

非结构性材料：如扑克牌可用于数数、堆积、匹配、分类等；

几何图形：七巧板、几何图形拼图，大小、颜色不同的几何图形、摸箱；

认读数字：数字牌、按数填物图、数字迷宫图、数字登山棋、数字连线图、数字—实物对应卡片、数字穿珠；

排序：各种套筒，大小、宽窄、薄厚、长短、高矮、粗细不同的卡片、实物。

e. 提供必要的图例、范例，如穿珠范例、排序图例等。

f. 在班内提供收纳打扫物品的器具，如箱子、袋子、包、盒、筐、小簸箕、扫帚。

▲规则类

a. 教师与幼儿一起玩棋牌游戏，通过游戏活动让幼儿体会规则的意义。

b. 对幼儿给予适宜的规则提示，如及时用语言、动作、表情肯定，开设"我能管好自己"的专栏等。

c. 自制以生活习惯、数学等为内容的棋牌游戏，如礼貌棋。

d. 给幼儿足够的收拾整理时间。

e. 与幼儿协商整理玩具物品的方法，形成常规。

F. 科学区（包含自然角）（必有）

a. 充分利用幼儿园的环境开辟种植区、养殖区，如利用种植园、养殖园、大厅、楼道、活动室等空间。

b. 提供适宜饲养的小动物，如鱼、蝌蚪、螃蟹、乌龟、小鸡、小鸭等，并提供饲料、养殖器具、观察记录册或记录表。

c. 提供适宜种植的植物，并提供种植器皿、观察记录本或记录表。

d. 提供便于操作的工作台，使他们能够随时使用观察工具，并根据需要做记录。

e. 创设科学探索区，提供科学探索类玩具和材料，让幼儿在玩中体会科学现象。如声、光、电、磁类玩具、材料；幼儿感兴趣的材料，如树叶、蚂蚁、标本。

f. 提供适合幼儿阅读的关于科学、科学家故事等方面的图书。

g. 在班内提供收纳打扫物品的器具，如箱子、袋子、包、盒、筐、小簸箕、扫帚。

h. 给幼儿足够的收拾整理时间。

G. 语言区（必有）

a. 在语言区提供和存放各种类型及功用的书，供幼儿看和"读"，让幼儿可以随时接触它们。包括图画书、故事书（形象生动、情节易懂、主题突出的中外寓言、童话、传说等故事）、与郊游和参观有关的书、与个别幼儿的特殊兴趣有关的书、根据幼儿说的故事编成的书、幼儿自制图书、工具书（有关动植物、交通工具、城市建筑、自我保护、交往方面的内容）、与开展主题活动相关的书，如科学家、环境保护、科技用品类的书，声像读物、讲述玩具（木偶、图片、立体卡片、指偶、头饰）、诗歌、歌本、照片集等。

b. 在其他活动区可投放与区域活动相关的书。如在建筑区投放与建筑相关的图书。

c. 将幼儿自己绘制、收集的图画、故事图片、故事书和网上下载的图片等放在语言区里。如中班各册儿童用书。

d. 提供温馨、舒适、惬意的读书环境，让幼儿感觉阅读是种享受。如提供地垫、小藤椅、小宠物等。

e. 与幼儿一起编故事、儿歌，用录音机录下来或用笔记下来，鼓励幼儿自己画图来说明内容，装订成册。

f. 以图文并茂的方式制作图书分类标志。

g. 同类的、幼儿喜欢的图书多投放一些。

h. 鼓励幼儿自带图书，与大家分享。

i. 给幼儿足够的整理时间。

j. 语言区材料要包含"听、说、读、写"的相关材料。

H. 沙水区（依据情况设置）

a. 提供玩沙水的设施，如设置沙池、沙箱，提供换鞋的条件。

b. 提供玩沙的工具，如桶、铲子、勺子、小碗、筛子、漏斗、空心管子，各种搅拌工具、抹砌工具和模具等，使幼儿能够自由选择，尽情发挥。

c. 提供辅助材料，如石子、贝壳、植物、人物、动物模型及各种自制玩具。

d. 创设宽松、愉快的游戏氛围，鼓励幼儿积极探索。

e. 提供游戏所需的围裙、套袖、小拖鞋或鞋套等。

I. 运动区（必有）

a. 给予幼儿充分的自由游戏时间，游戏氛围宽松和谐。保护幼儿的心理，使其在玩综合性玩具时具有安全感。

b. 积极肯定并引导幼儿与众不同的、合理的玩法或想法，如在无人下滑时从下向上攀登滑梯。

c. 创设适宜的物质环境，提供丰富的、幼儿喜爱的玩具材料，如彩水瓶、小水桶、风筝、花篮等。

d. 投放易于一物多玩的玩具材料，如球、包、圈、棍、绳、纸箱、饮料瓶等。

e. 开展有情节、有角色的游戏，如学做解放军、哪吒闹海、神探柯南等。

f. 开展有追逐、有挑战、有趣味的游戏，如贴鼻子、套圈、踩气球、放风筝、游泳、捡树叶、堆雪人、打雪仗，玩攀登架、大型综合性攀登器械、爬网、滑梯、跷跷板等游戏设施。

g. 选择竞赛性游戏，促进幼儿竞争意识的发展。如赛跑、投准、跳远、接力赛、射门、小小邮递员、小小探险家等游戏，引导幼儿体验成功。

h. 指导幼儿自定游戏规则，促进幼儿规则意识的进一步发展。

i. 为幼儿提供收拾、整理、收放玩具的条件。如投放有标志的玩具分类箱。

j. 随时关注活动场地、游戏器械和幼儿着装的安全。

k. 对幼儿运动的安排要科学合理。如安排准备活动及整理活动。

③大班区域设置及要求。

A. 角色区（必有）

a. 在日常生活中，随时引导幼儿关注周围的社会生活，积累关于社会角色的经验，感受人与人之间的相互关系。

b. 充分利用家长不同的职业资源，丰富幼儿的相关经验，支持幼儿游戏的开展。

c. 根据幼儿的原有经验和游戏需要，通过开展参观、讨论、社会调查或采访等多种活动，帮助幼儿扩展与游戏主题相关的经验，不断丰富游戏的内容和情节。

d. 根据幼儿的兴趣和需要，与幼儿一起讨论和创设活动区环境，在保证安全和卫生的前提下，提供或与幼儿一起搜集一些适宜的、真实的材料和工具，增强幼儿的成就感及快乐的体验。

e. 结合游戏内容投放适宜的材料，引发幼儿参与游戏的兴趣，并通过游戏材料渗透不同领域的教育。

f. 把幼儿在游戏中遇到的困难和问题作为幼儿学习的资源。可有三种处理方式：引导幼儿学习和掌握解决问题的基本方法；以此作为幼儿学习的生长点，引发新的活动；抓住与主题的延伸密切相关的关键问题，不断深化游戏内容。

g. 游戏区的设置并非一成不变，应结合幼儿的兴趣及近期的教育目标，及时更换游戏主题。

h. 为幼儿创设条件，加强他们在班级内部各活动区之间的主动联系与交往，并在此基础上打破班级界限，充分利用和分享不同班级的游戏资源，丰富和提升幼儿的游戏经验。

B. 表演区（必有）

a. 为幼儿提供远离安静区域且宽敞的空间。

b. 为幼儿提供基本的视听类、道具类、乐器类材料，同时在班里建立一个小仓库，收集各类废旧材料，引导他们根据需要选择或制作各种道具、服装和背景。

c. 开辟化妆间，满足幼儿喜欢装扮的心理需要，提高幼儿的审美能力。

d. 肯定和接纳幼儿的表演欲望，为幼儿提供表演、表现的机会和条件，欣赏幼儿制作的表演用具。

e. 和幼儿一起讨论、制订表演计划，支持他们自觉地执行计划，并引导他们合理地支配时间。

f. 鼓励幼儿尝试以多种形式开展表演活动，如人物角色扮演、布袋木偶表演、手指偶表演、手影及配音表演等。

g. 鼓励幼儿走出班级，为其他班级、全园、社区表演，增强幼儿的自信心和自我价值感，有效提高其表演水平。

h. 和家长一起丰富幼儿的表演经验，欣赏或参与幼儿的表演。

C. 美工区（必有）

a. 为幼儿创设采光好、靠近水源、安静的区域。

b. 提供各种类型的笔、纸、颜料、造型材料（胶泥、纸黏土、面团、彩塑泥、木板、木条等）和工具（小锤子、小锯子、针、毛衣针及各种连接材料等），并引导幼儿根据需要安全地选择、使用。

c. 收集生活中的各种废旧物品和自然材料，分类存放，合理使用。

d. 提供适合幼儿欣赏的、各种风格的艺术作品。

e. 引导幼儿合作制作大型的造型作品，满足幼儿游戏的需要。

f. 引导幼儿有计划、有目的地进行创作，鼓励他们介绍自己的作品和创作过程。

g. 给幼儿提供展示和分享各类作品的空间，增强他们的成就感和自信心。

h. 活动后引导幼儿主动收拾，分类整理材料，做好清洁工作。

D. 建构区（搭建类、插接类）（必有）

a. 将建构区设置在不影响他人活动的地方，以便保留作品，使幼儿能连续建构，促使主题不断深入。

b. 为降低噪音，可铺设地毯或 EVC 地板块。

c. 投放基本材料（主材和辅材，购买或自制）。建立"小小回收站"，收集各类废旧材料，鼓励幼儿以物代物，满足搭建的需要。适度投放辅材的数量。

d. 通过实地考察，收集一些有特色的建筑物图片或幼儿搭建作品的照片等，丰富幼儿的知识经验。

e. 鼓励、支持幼儿利用示意图搭建作品。

f. 引导幼儿学会用多种方式记录自己的搭建过程和成果（如讲述、绘画、统计等），逐步学会先计划、设计再动手搭建。

g. 利用评价环节引导幼儿共同讨论、解决活动中遇到的问题，有些可以引申为活动的主题。

E. 益智区（棋牌、迷宫、数学、拼图、电脑等）（必有）

a. 为幼儿创设一个较为安静、较少受外部干扰的环境。

b. 根据幼儿的发展水平，不断丰富和更换益智游戏材料，为幼儿提供展示和存放游戏材料以及成果的时间和空间。

c. 关注个体差异，针对具有不同需要和发展水平的幼儿提供不同层次的材料，使每个幼儿都能获得成功的体验。

d. 引导幼儿讨论游戏规则，并适时调整、创新游戏规则，使幼儿学会制订游戏规则，进而自觉地遵守规则。

e. 鼓励幼儿自制益智游戏材料，创造多种玩法。

f. 打破班级界限，举办多种形式的竞赛活动，培养幼儿的集体荣誉感。

g. 鼓励幼儿和同伴、老师、家长共同玩棋牌类益智游戏，为幼儿提供分享经验的机会，加强与同伴之间的合作与学习。

F. 科学区（必有）

▲科学发现区

a. 环境中有丰富的、符合教育目标的操作材料，并鼓励幼儿根据探索的需要收集、制作相关材料。

b. 班级中有丰富的科学类图书及与近期活动相关的资料。

c. 保证幼儿有充分探索的时间。

d. 教师经常向幼儿提出各种有关事物、现象的问题，使幼儿勤于思考。

e. 充分利用家长和社区资源，支持幼儿的探究活动。

f. 可以包括光影、磁铁、沉浮、电、天平、测量、泡泡水、平衡、纸张站立等探索内容。

▲自然角

a. 在活动室内选择低矮、有阳光的窗台作为自然角，便于幼儿观察。

b. 和幼儿共同协商种植和饲养的对象，鼓励幼儿自选、自带种子或小动物，激发幼儿的兴趣，培养他们的责任心。

c. 引导幼儿了解和尊重动植物的自然习性，提供和探索适于动植物生长的环境和条件。

d. 启发幼儿设计各种生动的观察记录表，引导幼儿有目的地进行观察并记录，了解动植物生长变化的过程。

G. 语言区（必有）

a. 创设适宜、舒适的阅读环境，如良好的光线、安静的空间、柔软的座位等，激发幼儿积极、主动参与语言区活动的愿望。

b. 有目的地提供如图书、磁带、光盘、录音机、影碟机、实物投影仪等语言区活动的材料，便于引发、支持幼儿在语言区的活动。

c. 有目的地记录幼儿的语言，帮助幼儿感受语言的不同表达方式，建立口语和文字之间的联系。

d. 在语言区设置聊天屋（角），经过和幼儿的共同商讨，向全班发布近期要讨论的话题，请幼儿自荐做主持人并自主选择话题，参与讨论。

e. 在语言区提供结构化较好的材料，通过结构的变化，促进幼儿思维能力的发展。

f. 提供具有操作性的材料，使幼儿在语言情境中不断丰富词汇，并能在生活中加以运用。

g. 发挥同伴、家长和环境的教育作用，提高幼儿听、说、读、写等的能力。

h. 将语言区与小学校等与幼小衔接有关的活动相结合，帮助幼儿识别自己或他人的名字、公共场所名称等，为幼儿顺利适应小学生活做准备。

i. 注重对幼儿良好阅读、书写习惯的培养，做好幼小衔接的准备工作。

H. 沙水区（依据情况设置）

a. 为幼儿提供充足的玩沙、玩水的时间和场地。

b. 为幼儿提供丰富的物化教育目标的玩沙、玩水材料，并鼓励幼儿自己制作、选择适宜的辅助材料。

c. 鼓励、支持幼儿自主确定游戏主题，充分利用空间、材料扩展和深化游戏。

d. 鼓励幼儿大胆尝试各种实验，在实验过程中了解沙、水的特性，实现守恒、测量等目标。

e. 引导幼儿自己制订沙水区游戏规则，并自觉遵守，增强安全和卫生意识。

I. 运动区（必有）

a. 通过自主、自选的体育活动，使幼儿充分体验体育游戏的乐趣。

b. 根据幼儿的差异和发展需要，和幼儿一起准备种类、数量充足的玩具材料，并随幼儿兴趣、教育目标的变化及时更换。鼓励幼儿根据活动需要自制玩具材料。

c. 引导幼儿学会并掌握活动前的身体准备与活动后的放松方法。

d. 利用家长和社区资源，教师和幼儿共同收集民间体育游戏，鼓励幼儿在自选游戏中选用这些游戏。

e. 引导幼儿建立良好的活动常规。

6. 开展班级幼儿测评的要求

（1）测评表撰写时间

一学年撰写三次，分别为：第一学期开学初（9月）幼儿全测，第一学期末（12月）幼儿抽测（随机抽取10名幼儿），第二学期期末（6月）幼儿全测。

（2）测评表撰写规则

①在对幼儿进行测评的过程中，测评教师根据幼儿园测评标准对每位幼

儿进行全面测评，形成幼儿发展评估小结。

②测评老师要采用客观公正的态度，严格、细致地进行测评，给孩子一个宽松的环境，全面分析幼儿的发展情况，对班级的发展情况有一个正确的评价。

③测评过程采用自然观察、情景观察、谈话、作品分析、问答测试等方式，全面测评幼儿的发展情况，以更好地为幼儿教育、发展服务。

（3）测评表撰写方法

①依据教师对幼儿的测评结果撰写表格，分为Ⅰ、Ⅱ、Ⅲ级，Ⅰ级为最佳，Ⅱ级为中等，Ⅲ级为一般。

②每名幼儿的测评结果（表格中的横向总评）按照就低不就高的原则处理。

③依据幼儿整体的测评结果撰写总评，根据不同级别的总数（一个领域中的某一个指标）除以班级的总体人数四舍五入的方法得出最后的百分比。

扫码获取小中大班
幼儿各领域发展
水平测评表

④最后依据百分比进行某一领域的发展情况小结。

⑤将测评结果作为制订下一个学期班级计划的依据。

7. 安全预案撰写基本格式

安全预案主要分为三大类活动的安全预案。一是春游、秋游等户外活动，二是"六一"、新年等园内大型活动，三是平时家长活动开放日。

（1）春游、秋游活动安全预案

①基本情况：时间、地点、人数。

②安全责任、措施：活动前的安全宣传，活动中的纪律要求，每位老师要站好位（前面、中间、后面）。

③主要防范事项：防食物中毒，防火灾，防溺水，防交通事故。

④关键环节：指定一位老师及时清点人数（出发前、上下车前后、活动中、回来后）。分工合作，每位老师要明确职责、岗位、任务。

⑤活动中安全提醒。

（2）"六一"、新年活动安全预案

①基本情况：时间、地点、人数。

②安全责任、措施：活动前的安全宣传，活动中的纪律要求，每位老师的站位及分工，确保幼儿安全。

③主要防范事项：防止拥挤、摔倒、碰伤，防止孩子走出视野。

④事故应急处理方案：反复强调活动中的注意事项；若发生意外，按照"上报执勤领导——将伤者送医务室或医院——家长和老师同时到医院"的方案处理。

⑤安全应急方案：活动前的宣传和落实工作；活动计划的制订；活动场地和设施的检查；幼儿的管理；发生意外，生活老师、执勤领导、保健医生及时与家长取得联系。

（3）家长开放日活动安全预案

①基本情况：班级、时间、地点、人数。

②主班教师：×××。

③配班教师：×××。

④活动内容。

a. 写清楚每个时间段老师的分工、站位及要做的事情，注意事项。

b. 每个时间段孩子在各环节中的活动安排、注意事项等。

c. 每个时间段家长在参加活动时的站位以及注意事项。

8. 班级大型活动安全须知和申请书写格式

（1）安全活动开展须知

①外出、大型活动提前一个月向园里申请，批准后方可开展。

②成立安全小组，明确每位成员的职责。

③小组要坚持做好安全检查，查到易发安全事故的每一个环节，发现隐患立即整改。

④任何大型活动及外出活动前，应事先派人对活动场地或者前往参观地点踩点查看，确定无危险因素，并确定行走路线。

⑤如需用到机动车辆，应选择有行驶执照、有车牌、能正常使用的车辆；如需要家长接送，应以"给家长的一封信"的形式告知家长，并提出需注意的安全事项。

⑥活动前召开家长会，向家长介绍活动并宣传安全出行知识。

⑦活动前在班级中组织幼儿进行安全活动，让幼儿了解安全常识，学会保护自己。

⑧教师要提前针对活动书写活动计划。包括活动目的、活动地点、活动时间安排、活动内容以及应急措施。

⑨针对突发事件要第一时间向园领导汇报，并做应急处理。

（2）安全预案书写格式

①活动目的。

②活动地点。

③活动时间。

④活动准备。

a. 前期的教育活动。

b. 家长会。

c. 踩点。

⑤安全演练时间、地点以及形式。

（3）当天活动具体程序

①教师站位，责任到人。

②活动过程和目标落实。

③保证每位教师都有应急措施和材料。

④管理干部支持整体活动的进程和协调。

9. 班级财产交接注意事项

①学期初清点好本班固定资产里包含的各项班级物品。

②学期中如有新添置的物品、损坏的物品，及时在固定资产表格中进行登记和备注。

③学年末与下一班级班长进行班级财务交接。交接工作完成后，双方签字确认。

④在交接过程中仔细阅读核实班级财务，如出现问题，及时与上一班长进行沟通和交流，如果产生变化，及时在班级固定资产表中标出和备注。

10. 家访工作注意事项

（1）家访准备流程

①先跟家长打招呼，告知班级将有家访活动，并在临近家访时给家长打电话。

②请家长提前填写"幼儿生活调查问卷"。

③了解家长对于家访的意愿，时间是否方便等。

④通过翻阅"幼儿生活调查问卷"，了解孩子的基本情况。

（2）教师衣着要求

①不穿无领无袖的衣服，不穿低胸及透明的上衣。

②不穿低腰裤，不露肚皮。

③穿符合季节的运动装。

（3）教师家访要求

①家访必须是班级三位教师共同进行，不能单独一位教师进行家访。

②亲切自然地自我介绍，呼唤孩子的名字，并与孩子握握手或者抱一抱，让孩子们初步熟悉教师，消除彼此的陌生感。

③简单地和孩子一起玩他们喜欢的玩具，谈他们感兴趣的话题，缩短孩子与教师之间的距离。

④与家长进行沟通交流，了解孩子的成长环境、生活习惯、兴趣爱好、脾气个性及健康状况等。

⑤为家长讲解孩子入园前需要做的各种准备，以便教师在幼儿园做好孩子的护理工作。

⑥适当介绍班级的特色及培养目标，对家长关心的热点问题做好宣传解释工作。

⑦经家长同意后拍照，以便留档。

（4）家访后跟进工作

①家访后，班级三位教师对本次家访中的问题及时进行沟通和分析，为接下来的家长工作做好准备。

②做好家访的简要记录（回顾的方式）。

11. 家长半日开放活动

（1）家长半日开放活动前

幼儿园和老师做好充分的活动准备，并列出活动方案。

①根据班级工作进度或园内家长半日开放要求，通过家园栏或者班级App形式向家长宣传活动，提示家长根据班级活动日期及时填报报名时间。

②活动前一天做好班级环境的清洁、整理工作。

③制订家长半日开放活动方案。（利用班会时间，班级三位教师统一认识）

④制订家长半日开放活动安全预案。

⑤准备家长签到表、活动材料及场地布置等。

⑥班会讨论开放活动时间、活动内容注意事项，分工到人，相互配合。

（2）家长半日开放活动中

教师要引导家长采用正确的方式积极参与活动，让每个家长体验幼儿的学习过程，使家长、幼儿、教师融为一体。

①晨间热情接待来园，按要求晨检。

②指引家长在签到表上签到，在指定地点等候。

③幼儿早餐时间，班长可与家长简单介绍班级情况、活动流程、活动目标、活动中家长的注意事项以及教育理念。

④关注幼儿的需求并及时予以提示或帮助，指导幼儿的活动，及时解答家长的困惑并提供合理的教育建议。

⑤随时提供家长与幼儿共同参与活动的机会，指导家长用适宜的方式参与幼儿的游戏。

⑥教师通过半日活动展示，要让家长感受到班级活动对园所理念的落实、对幼儿教育的公平、对幼儿生活细致地照顾、教师的专业性体现。

（3）家长半日开放活动后

组织家长研讨或发放反馈单，请家长对半日开放活动做点评，了解家长的真实体会和感受。

①保存家长半日开放活动签到表。

②对家长反馈意见进行整合、分类及分析。

③开班会，对家长的反馈意见及活动当中家长提出的一些重要问题进行讨论、改进。

④关注幼儿一日生活，针对不同家长提出的问题采取不同方式，在不同时间进行沟通。

12. 班级家园栏目设置及要求

（1）布置要求

①每学期开学对家园栏进行重新创设及布置。

②大方、具有艺术性并符合幼儿的年龄特点。

③标题的字号要突出，字体以美观为主，每个小标题的阅读顺序应从左到右。

④家园栏的文章不能有错别字，字号不能太小，纸的颜色要适宜，字体最好为宋体。

⑤文章内容的版式应符合正规文章的标准。

⑥教师可根据家园栏大小设计、选择栏目，但必须要有以下几块内容。

（2）班级家园栏目设置

卫生保健	日常安全	育儿知识	互动活动	请您关注	备 注
内容与要求： 1. 可根据季节随时调整，例如春天到了就可以安排春季健康保健 2. 可根据传染病的高发期调整。如手足口预防保健等 3. 可根据时节从饮食方面出发，如孩子吃什么有助于身体发育 4. 良好习惯的养成，如保护牙齿等 5. 可以摘取心理健康的相关内容	内容与要求： 1. 日常安全，如上下楼梯、安全用电等 2. 自然灾害的预防，如夏季不野泳 3. 节水节电活动，这个结合班级活动 4. 交通安全活动，遵守交通规则，倡导绿色出行 5. 结合节日的安全宣传，如防火日等 6. 安全活动的展示，如防火演习	内容与要求： 1. 根据本班幼儿的年龄特点及兴趣点选择 2. 针对主要问题安排内容，如幼小衔接 3. 传递正确的育儿观 4. 理论结合实际的案例展示 5. 推荐好书或小而精的文章 6. 根据幼儿的不同性格，提供有针对性的指导策略 7. 活动结合日常实际，如开学初可以讨论"孩子假期结束后不愿意来幼儿园怎么办"	内容与要求： 这个可以根据本班的主题活动及幼儿的兴趣或季节聚焦话题等。如： 1. 孩子总看电视怎么办 2. 在家中怎样帮助孩子在游戏中学习 3. 您跟孩子喜欢在家中玩什么游戏 4. 春季到了，推荐好玩的地方 5. 幼儿美食知多少 6. 幼儿的快乐假期生活，等等	内容与要求： 1. 开学初需要准备的物品，并需要说清楚准备的原因及要求 2. 幼儿在园的精彩活动，可以教师自己书写，如节日的精彩活动 3. 幼儿的生活点滴，如搭建的建筑，创作的沙画等，这些不好保留的作品可以用照片的形式展示给家长 4. 孩子在园的健康生活，身高、体重 5. 近期重点，如我们自己擦屁股了，使用了筷子了等 6. 温馨提示，哪些幼儿被子厚了，需要更换，可以以建议的形式告知 7. 班级活动需要您帮助收集的东西及用途 8. 大型活动前的注意事项可以文字的形式展示	内容与要求： 1. 开学初的新学期寄语 2. 如果换了新老师，要有新教师介绍，里面有照片及简单的自我介绍，如工作年限、特长及日后工作目标等
更换时间及要求： 1. 新学期寄语、新教师介绍放在家园栏一周，一周后都需要更换；2. 其余内容至少一个月更换一次，请您关注随时更换，日常安全栏目也需要频繁更换，卫生保健栏目在有突发的传染病时应有相关介绍及预防措施等					

13. 家长会

（1）家长会的形式

①发布会形式。发布会形式是针对一项或多项主题，以教师讲述和传达为主，以家长提问为辅的形式。其目的是准确、及时向家长通报孩子或学校教学情况、变化、日程等。

②会演慰问形式。会演慰问形式通常是由教师组织，孩子表演或作品演示，家长参观或鉴赏的形式。这种形式多用于增加教师、孩子、家长的三方互动，对一段时间内孩子学习成果的展示，多安排在学期末或重要节日前举行。

③共同活动形式。通常为教师、孩子和家长三方，共同参与某一项或多项有意义的活动，比如旅游、运动会等，在活动的过程中开展。这种形式的目的主要是在共同的活动中增进彼此的交流，多在幼儿园或小学的阶段采用。

当然家长会还有很多其他的形式，比如以家长发言为主的家长会，以孩子向家长提建议和意见的发言为主的家长会，或者以上各种形式结合的家长会。

（2）如何组织家长会

①明确家长会的目的。确定家长会的主题，即通过这次家长会，需要达到什么目的，是通报孩子的学习生活情况，还是辅导家长如何做好家园共育工作等，只有明确了主题和目的，才能围绕这个主题组织家长会。

②确定家长会的形式。根据主题和内容的不同，选择和确定合适的家长会形式，参照第一条。总的来说，家长会的形式应该由内容来确定，而不是拘泥于形式本身。

③做好家长会前的"备课"。相信大多数教师，尤其是班主任老师，对孩子和学校的情况是了如指掌的。但是有一些新的情况，仍然需要老师做一些应对准备。做到有问必答，有备无患。

④确定家长会的流程。家长会的流程应从家长的召集准备开始计划，到会议的发言顺序，总体时间的把握等多个方面进行明确。通常以时间为顺序，把会议涉及的人事物尽量明确下来，比如明确发言的顺序，明确讨论的范围，明确会议的整体进行时间等。这点十分重要，明确的流程将帮助老师尽量避免疏漏和掌控会议全程。

⑤拟定家长会的发言内容。无论是什么形式的家长会,教师的发言都是家长会的重要开场白或结束语,它将引领会议的议题和进程。所以,拟定一份家长会上的教师发言稿十分重要。

⑥做好家长会的通知和召集工作。

a. 确定好召开家长会的目的、形式、开会具体时间及地点后,通知每一位家长准时参加家长会。

b. 列出家长会的出席名单,然后将会议时间、主题等通过各种形式,及时通知到与会者。最好同时收集明确赴会的名单。

⑦做好会场布置和家长的到会接待。

a. 在会议开始前,应做好会场布置、接待家长以及位置安排等工作。提前准备家长会所需的材料、PPT、电脑等,并且保证场地卫生干净整洁。

b. 为需要向公司请假的家长提前准备好假条,并盖好公章。

c. 为此次家长会准备签到表。

⑧进入家长会的实质阶段。家长会开始,根据先前制订的计划和流程,灵活地进行会议。

⑨做好家长会的活动或会议记录。

a. 可采用录音等方式做好家长会的会议记录,把家长会上遇到的问题记录下来,以留后续解决或借鉴。

b. 开会之前请教师或家长为此次家长会拍照,教师正面开会照(将背景大标题照上)和家长听会的状态照,用以留档。

⑩送走家长,并适时做好家长会的总结。会议内容结束,在经过其他交流后,应做家长的欢送工作。同时教师应结合会议记录做好家长会的总结。

⑪有选择地向孩子们通报家长会的内容。一些家长会是没有孩子参与的,除了家长在与会后会将会议内容和孩子交流之外,教师也应适当地向孩子透露一些家长会的内容,起到疏导、解惑的作用。

⑫做好家长的回访,以及家长会后的重点问题跟进。一个负责任的教师当然不会认为一次集中的家长会就可以解决所有的问题。所以适时地在会后回访或跟进,将有助于教师和家长的相互了解,以获得家长的配合。

⑬家长会留档资料。将家长会的纸质材料、电子档材料、PPT、照片、签到表整理成档备案。

(3) 常规家长会的主要内容

▲第一学期

①新学期致辞，欢迎家长在百忙之中参加本班的家长会，家长会准时开始。

②自我介绍。

③简要介绍本次家长会的主要内容。

④班级情况分析。

a. 介绍班级教师情况（如果是初次见面的老师，可以请班中其他两位老师做简短的自我介绍）。

b. 介绍班级基本情况，如班中幼儿总数、性别比例，简单介绍本班幼儿的年龄特点。

c. 介绍班级环境。因为是来到新班级，家长对班级环境比较陌生，所以可以以照片的形式向家长介绍睡眠室、活动室、盥洗室。重点告知家长接送幼儿时在哪个教室，避免接送时出现混乱。

⑤介绍本学期教育任务及内容。

a. 本学期的总目标概括。重点让家长了解本学期的目标，知道孩子在幼儿园将得到什么样的发展（如社会交往、行为习惯等）。

b. 向家长介绍班级开设的特色区域。重点以照片的形式向家长介绍开设区域的目的，以培养和锻炼幼儿的角度介绍。

c. 向家长介绍本学期班级的特色活动。重点以照片的形式向家长介绍特色活动的目的，以发展幼儿的角度介绍。

⑥介绍幼儿生活作息的安排。为了让幼儿更顺利地适应新班级的生活，将本班的生活作息时间告知家长，做到家园配合。

⑦幼儿安全问题。

⑧幼儿健康卫生问题。

⑨及时向家长反馈近期班中发现的问题。

⑩准备的物品。

⑪将班中三位老师的联系方式告知家长，以便联系。

⑫征求家长的建议或者耐心解答家长咨询。

▲第二学期

①开场白：对家长在百忙之中来参加家长会表示感谢。简单表达对上一学期家长工作的感谢与感想。

②介绍本学期班中三位老师具体的工作职责。

③简单地总结上一学期幼儿的发展与进步。

④介绍本学期教育任务及内容。

a. 本学期的总目标概括。重点让家长了解本学期的目标，知道孩子在幼儿园将得到什么样的发展（如社会交往、行为习惯等）。

b. 向家长介绍班级开设的特色区域。重点以照片的形式向家长介绍开设区域的目的，以培养和锻炼幼儿的角度介绍。

c. 向家长介绍本学期班级的特色活动。重点以照片的形式向家长介绍特色活动的目的，以发展幼儿的角度介绍。

⑤介绍幼儿生活作息的安排。为了让幼儿更顺利地适应新班级的生活，将本班的生活作息时间告知家长，做到家园配合。

⑥幼儿安全问题。

⑦幼儿健康卫生问题。

⑧及时向家长反馈近期班中发现的问题。

⑨准备的物品。

⑩与班级教师交流。

（家长会内容仅供参考，具体内容根据各班情况确定，并根据园内安排有所调整）

（4）家长会注意事项

①教师本身首先要明确本次家长会的目的和重点。

②召开家长会之前对本班幼儿的情况有充分的了解。

③家长会前检查好电子设备是否正常，避免遇到临时问题。

④注意教师仪态及语言，做到适合时宜，语言务求得体和有分寸。

⑤在设计家长会的时候要注意与家长的互动。

⑥家长在会上提出的建议或者意见，先记录，如需请示相关主管领导，请示后再做出回应。

14. 期末班级收尾工作要素

（1）班级收尾工作负责人

班级收尾工作的负责人为班长。收尾检查工作当天，班长上全天班，做好收尾各项工作的落实检查。

（2）班级物品收尾

①对照财产表检查物品是否有损坏等，检查后签字确认。

②将班级里重要财产妥善保存，锁在安全的地方。

③断电，关窗，锁门，做好安全防范工作。

④将幼儿用品（水杯、毛巾、牙杯、梳子、午点盘等）装在卫生的袋子里保存。

⑤将植物角的花草放在卫生间或楼道，方便保洁照顾，将小动物托人照顾。

⑥假期没有幼儿的班级，适当遮挡玩具柜或者暴露在表面的玩具、图书、户外游戏材料等，避免来园时灰尘细菌较多。

⑦入园学年末交接班时，两位班长需对照财产表进行交接工作。

（3）清洗收尾工作

①将幼儿日常用品（水杯、毛巾、牙杯、梳子、午点盘等）清洗干净并晾干。

②班级表面卫生打扫整洁。

③将水桶、暖壶、小茶壶清洗干净并晾干。

④将墩布、劳动布等打扫卫生的用品清洗干净，于通风处存放。

⑤将班级中的垃圾桶清理干净，垃圾倒掉。

（4）上交资料

①将本学期班内开展的主题活动梳理上交年级组主任。

②上交发展评估给年级主任。

③上交班总结给年级主任。

④上交月工作总结年级主任。

⑤上交班会记录给年级主任。

⑥将资料借阅交还给档案资料员。

⑦将环境照片发邮件给档案资料员。

⑧家园栏资料整理上交档案资料员。

15. 幼儿园间（早）操的要求

（1）热身运动（进场）

做操前的站队走步，一般站成一路纵队，要求幼儿站得整齐，注意力集中。整队后随音乐或口令走步，要求走得有节奏，由走步变换体操队形做操。

队列练习与队形变化包括：通过队列变化训练幼儿理解指令的能力，增进幼儿的团体意识。队列变化与训练也是热身运动积极的延续，为幼儿的早操做好充分准备。如小班的走路变圆圈，中班的切段分队走，大班的左右分队走。

（2）操节

①本段操节结构及注意事项。

a. 本段包括武术操、徒手操（下学期为轻器械操）、律动。

b. 间操使用的音乐为适宜幼儿、节奏清晰、乐曲明快、积极向上的儿童音乐。避免使用成人音乐或者流行音乐。

c. 间操的队形符合幼儿年龄特点。小班宜站圈，中大班宜队列，也可队列变化。

②教师或幼儿带操，带操者必须符合下列要求。

a. 带操者的位置应该是全体幼儿都能看到的地方。

b. 带操者的动作必须正确、有节奏，每个动作要合乎要求。比如两臂举，身要直、手指并拢等。

c. 带操者的动作应该与全体小朋友保持镜面，每个动作做得正确，才有锻炼身体的价值。

d. 带操者要穿适宜的运动服装。配班教师站在队列最后，和幼儿一起做操。

教师要注意培养幼儿的正确姿势，在带操的同时要注意动作，发现幼儿不认真做或做得不对时，要用语言提示或走到幼儿身边用手帮助他动作到位，这样幼儿就能感受到正确姿势是什么样的，很快就能改正。如发现多数幼儿对某一动作很不熟练或动作不规范，可以重新示范，并讲出要领，指导幼儿重新学习。

（3）其他活动

为了丰富早（间）操内容，增加活动量和幼儿兴趣，操节之后，可进行中等量的体育游戏、律动、自选活动等，但早（间）操的总时间要控制在10～15分钟。

（4）跑步

为了培养幼儿正确的跑步姿势，在早操活动中可安排跑步。暖和季节，跑步放在早操之后，目的是增加运动量和培养跑步姿势，跑得距离短，教师根据具体情况决定跑步距离。寒冷季节，跑步安排在做操前，目的在于使幼儿通过跑步全身发暖，活动关节和肌肉，跑步距离稍长，可走跑交替进行。

（5）放松活动

选择优美抒缓的音乐，让幼儿在老师的带领下快乐地翩翩起舞，结束整个早操活动，使幼儿以良好的身体与精神面貌开始一天的幼儿园生活。

以上五项内容不一定要截然分开，也可以自然地融合在一起。

编排放松活动的注意事项：

①运动量要适当。早操一般在早饭前进行，运动量不宜太大。间操一般在十点左右。

②注意卫生安全。不要让幼儿面对着太阳做操，以免幼儿的眼睛受到伤害。伴奏音乐要优美，音量尽量放低，以免幼儿的听力受损和影响附近居民的生活。不提供不清洁、有污染、有尖锐棱角的器械给幼儿使用，不要在坚硬、不卫生的场地做地面动作。

（二） 主班教师

1. 主班教师学年常规工作

时间	工作内容	工作方式	档案材料
八月底	和班长一同商讨学期计划、逐月计划、主题活动	参加班会，共同商讨	会议记录
	与班级成员一同打扫班级卫生	劳动	无
	布置家园栏	与班级成员合作、新教师介绍	家园栏内容
	思考并确定班级区域创设、个人小主题活动	结合幼儿园园本课程	区域创设小样、主题活动网络图
	家长工作（开学时间、物品准备、了解幼儿假期生活）	与家长通过微信、电话沟通	无

（续）

时间	工作内容	工作方式	档案材料
八月底	熟悉班级幼儿情况	与原班教师交流	无
	区域材料	上报负责区域的材料	电子版
	逐日计划	书写	逐日计划文字版
九月	创设班级环境	承担墙饰	墙饰内容
	区域材料投放和调整	配合班长	区域材料到位
	布置家园栏	与班级成员合作、"十一"出行安全提示	家园栏内容
	常规培养和梳理	参加班会、日常常规培养	学习记录
	幼儿发展评估测评	承担相应领域	文字电子版
	幼儿课间操创编	承担、配合、协助	韵律操、器械操、武术操、集体舞、小班模仿操
	逐日计划、每周笔记书写	书写	逐日计划文字版、笔记电子版
	日常各领域教育教学，按照一日生活流程按时组织各项活动	结合逐日计划	无
	幼儿每日考勤登记、交接班记录	记录、追查缺勤原因	交接班本、考勤表
	协助班长一同开展本月班级各项活动	日常工作、参加班会等	无
	开展班级安全和节约活动	教学活动	计划电子版

（续）

时间	工作内容	工作方式	档案材料
九月	家长会	与班长沟通、商量家长会内容	PPT、电子版稿
	家长开放日（中大班）	承担开放活动	计划电子版
	做好月末退被褥的工作	提前告知家长	无
十月	主题活动开展及墙饰内容跟进	日常教育教学	墙饰环境
	家长开放日	承担开放活动	计划电子版
	开展班级安全和节约活动	教学活动	计划电子版
	幼儿秋游	协助班长做好安全工作	无
	家园栏内容、App更新维护	根据家长需求和季节、安全等内容进行调整，班级活动更新	家园栏内容
	逐日计划、每周笔记书写	书写	逐日计划文字版、笔记电子版
	日常各领域教育教学，按照一日生活流程按时组织各项活动	结合逐日计划	无
	幼儿每日考勤登记、交接班记录	记录、追查缺勤原因	交接班本、考勤表
	协助班长一同开展本月班级各项活动	日常工作、参加班会等	无
	做好月末退被褥的工作	提前告知家长	无

（续）

时间	工作内容	工作方式	档案材料
十一月	主题活动开展及墙饰内容跟进	日常教育教学	墙饰环境
	开展班级安全和节约活动	教学活动	计划电子版
	家园栏内容、App更新维护	根据家长需求和季节、安全等内容进行调整，班级活动更新	家园栏内容
	逐日计划、每周笔记书写	书写	逐日计划文字版笔记电子版
	日常各领域教育教学，按照一日生活流程按时组织各项活动	结合逐日计划	无
	幼儿每日考勤登记、交接班记录	记录、追查缺勤原因	交接班本、考勤表
	冬季锻炼	户外活动、室内体育活动	无
	协助班长一同开展本月班级各项活动	日常工作、参加班会等	无
	做好月末退被褥的工作	提前告知家长	无
十二月	主题活动开展及墙饰内容跟进	日常教育教学	墙饰环境
	开展班级安全和节约活动	教学活动	计划电子版

（续）

时间	工作内容	工作方式	档案材料
十二月	家园栏内容、App更新维护	根据家长需求和季节、安全等内容进行调整，班级活动更新	家园栏内容
	冬季锻炼	户外活动、室内体育活动	无
	逐日计划、每周笔记书写	书写	逐日计划文字版、笔记电子版
	日常各领域教育教学，按照一日生活流程按时组织各项活动	结合逐日计划	无
	幼儿每日考勤登记、交接班记录	记录、追查缺勤原因	交接班本、考勤表
	协助班长一同开展本月班级各项活动	日常工作、参加班会等	无
	新年班级环境创设	和幼儿一同布置班级新年环境	环境
	新年活动	家长开放	无
	幼儿发展评估抽测	承担相应领域测评工作	文字电子版
	主题活动梳理	书写主题活动	文字电子版
	照片留档	班级环境照片留档	环境照片
	笔记交流	阅读笔记	文字电子版
	做好月末退被褥的工作	提前告知家长	无

（续）

时间	工作内容	工作方式	档案材料
一月初	协助班长做好期末材料上交工作	协助	文字电子版等
	协助班长共同做好班级环境收尾	整理班级区域材料、卫生，清点毛巾、水杯、消毒布数量，断水断电	无
二月底	和班长一同商讨学期计划、逐月计划、主题活动	参加班会，共同商讨	文字电子版
	与班级成员一同打扫班级卫生	劳动	无
	思考并确定班级区域创设、自己的小主题活动	结合幼儿园园本课程	区域创设小样、主题活动网络图
	家长工作（开学时间、物品准备、了解幼儿假期生活）	与家长通过微信、电话沟通	无
	区域材料	上报负责区域的材料	电子版
	逐日计划	书写	逐日计划文字版
	布置家园栏	与班级成员合作	家园栏内容
三月	创设班级环境	承担墙饰	墙饰内容
	区域材料投放和调整	和班长一同配合	区域材料到位
	常规恢复和梳理	参加班会、日常梳理	无
	家长会	与班长沟通、商量家长会内容	PPT、电子版稿

（续）

时间	工作内容	工作方式	档案材料
三月	逐日计划、每周笔记书写	书写	逐日计划文字版、笔记电子版
	日常各领域教育教学，按照一日生活流程按时组织各项活动	结合逐日计划	无
	家园栏内容、App更新维护	根据家长需求和季节、安全等内容进行调整，班级活动更新	家园栏内容
	幼儿每日考勤登记、交接班记录	记录、追查缺勤原因	交接班本、考勤表
	协助班长一同开展本月班级各项活动	日常工作、参加班会等	无
	开展班级安全和节约活动	教学活动	计划电子版
	体检	组织幼儿进行体检	无
	做好月末退被褥的工作	提前告知家长	无
四月	主题活动开展及墙饰内容跟进	日常教育教学	墙饰环境
	家长开放日	承担开放活动	计划电子版
	开展班级安全和节约活动	教学活动	计划电子版
	幼儿春游	协助班长做好安全工作	无

（续）

时间	工作内容	工作方式	档案材料
四月	家园栏内容、App更新维护	根据家长需求和季节、安全等内容进行调整，班级活动更新	家园栏内容
	逐日计划、每周笔记书写	书写	逐日计划文字版、笔记电子版
	日常各领域教育教学，按照一日生活流程按时组织各项活动	结合逐日计划	无
	幼儿每日考勤登记、交接班记录	记录、追查缺勤原因	交接班本、考勤表
	做好月末退被褥的工作	提前告知家长	无
五月	主题活动开展及墙饰内容跟进	日常教育教学	墙饰环境
	开展班级安全和节约活动	教学活动	计划电子版
	家园栏内容、App更新维护	根据家长需求和季节、安全等内容进行调整，班级活动更新	家园栏内容
	逐日计划、每周笔记书写	书写	逐日计划文字版、笔记电子版
	日常各领域教育教学，按照一日生活流程按时组织各项活动	结合逐日计划	无
	幼儿每日考勤登记、交接班记录	记录、追查缺勤原因	交接班本、考勤表

（续）

时间	工作内容	工作方式	档案材料
五月	协助班长一同开展本月班级各项活动	日常工作、参加班会等	无
	主题活动开展及墙饰内容跟进	日常教育教学	墙饰环境
	参观小学（大班）	协助班长做好安全、带领幼儿及照片拍摄工作	照片
	体能测试	承担测试项目	幼儿体能测试表
	毕业照拍摄（大班）	协助班长组织幼儿	毕业照
	确定毕业典礼节目（大班）	参加班会、承担节目	班会记录
	庆"六一"活动	协助班长开展活动	无
	做好月末退被褥的工作	提前告知家长	无
六月	主题活动开展及墙饰内容跟进	日常教育教学	墙饰环境
	开展班级安全和节约活动	教学活动	计划电子版
	家园栏内容、App更新维护	根据家长需求和季节、安全等内容进行调整，班级活动更新	家园栏内容
	逐日计划、每周笔记书写	书写	逐日计划文字版、记电子版
	日常各领域教育教学，按照一日生活流程按时组织各项活动	结合逐日计划	无

（续）

时间	工作内容	工作方式	档案材料
六月	幼儿每日考勤登记、交接班记录	记录、追查缺勤原因	交接班本、考勤表
	协助班长一同开展本月班级各项活动	日常工作、参加班会等	无
	主题活动梳理	书写主题活动	文字电子版
	个人考核总结	书写个人考核总结、制作 PPT	个人总结稿、PPT
	毕业典礼节目排练（大班）	利用空班时间组织幼儿排练	无
	毕业典礼彩排（大班）	结合幼儿园安排	无
	毕业典礼（大班）	毕业典礼	无
	照片留档	班级环境照片留档	环境照片
	幼儿发展评估全测	承担相应领域测评	文字电子版
	做好月末退被褥的工作	提前告知家长	无
七月初	协助班长做好期末材料上交工作	协助	文字电子稿等
	协助班长共同做好班级环境收尾	整理班级区域材料、卫生，清点毛巾、水杯、消毒布数量，断水断电	无

备注：1. 每月依据保健医要求下发疫苗接种本；2. 每日下班前安全自查，并填写表格

2. 教师行为规范梳理

①上班时应穿着符合教师职业形象的服饰，如工作服、运动鞋，不戴吊

坠耳环，不戴戒指等。

②不浓妆艳抹，如染发应接近发色本身，头发梳理整齐，保持清洁。

③礼貌待人，晨间入园时要面带笑容地与各位老师、幼儿、家长问早。

④手部干净，指甲不宜过长，不涂抹指甲油等。

⑤严禁在幼儿园说粗话和脏话，不要在会议、教研等场合大声喧哗或开玩笑。

⑥工作时间不得把不良的情绪带到班级中。

⑦要热爱学生，关爱学生，正面教育，以鼓励和表扬为主，以正确的价值观引导学生。

⑧在工作中必须严格遵守作息制度，不迟到，不早退，不随便请假。

⑨带班时尽心尽力，不随便离开工作岗位，不做私事，不聊天，按时做好交接班工作。

⑩因病、因事请假需事先与班长、班员、年级组长请假，经领导同意方可休假。

⑪不能随便换班、替班、串班，要将注意力集中在工作上。

⑫各班下班时需做好收尾工作，认真检查物品，关好门窗，切断所有电源，将物品放在指定地点，确认安全后离开。

⑬要认真备课，坚持超前备课，认真按时书写教案计划。

⑭每周四、周五按时上交笔记、计划。

⑮教育活动有计划、有秩序地开展；认真写好教育笔记，定期进行工作梳理总结。

⑯上班时间不玩电子设备，不随意聊天，专心带班。

⑰不对孩子变相体罚，不能任孩子哭泣置之不理，平等对待每一位幼儿。

⑱尊重每一位幼儿，不偏爱，注意幼儿安全，防止事故发生。

⑲教师应按时积极参加园内或园外的政治、业务学习活动。主动参与，积极发表看法意见，学习时不做与学习无关的事。

⑳保证班级卫生，严格执行幼儿园安全卫生、保健制度，科学、合理地安排幼儿一日生活。

3. 教育笔记书写要求

（1）学习故事书写格式

①时间。

②地点。

③观察对象。

④执笔人。

⑤书写内容。包括幼儿学习时的整个过程，以及教师适当地引导语，并插入幼儿活动时的照片。

⑥这个故事给我们的启示。

⑦机会和可能性。包括幼儿在这个活动中得到了哪方面的发展，得到了什么收获以及对他今后发展有什么帮助。

（2）教育笔记书写格式

①标题。

②内容。包括幼儿一日生活中发生的事情，教师的处理方法；家长工作中的一些感想梳理；从与幼儿教育有关的内容中得到的感触。

③上交格式。两篇笔记写在一个 word 中，文件名称格式如"2016.3.17-教育笔记-姓名"。笔记上交时间为每周五的 16：00 前。

4. 开学准备注意事项

（1）卫生方面

①对班级整体进行全面消毒（床、桌子、椅子、玩具、衣柜、户外玩具等）。

②协助医务室追要幼儿医疗本。

（2）环境方面

①根据幼儿年龄特点、发展需求和活动开展的进程进行墙饰创设。

②调整教室环境以及区域环境，更新区域内的玩教具。

③家园栏要包含新学期寄语以及新教师介绍。

（3）家长工作

①提前提醒家长做好开学准备，有外出的家长提前回来。辅助幼儿调整一日生活作息，并带好幼儿所需要的物品。

②运用多种途径与家长沟通幼儿的身体情况以及外出情况。

（4）教师方面

①核对班级财产，清点所有物品（毛巾、水杯等）。

②教师的仪容仪表以及着装需要到位（头发及指甲颜色为自然色，衣服不暴露）。

③上报采买物品。

（5）安全方面

①查看班级有无需要修理的东西，及时报修。

②查看水电及电器，排除安全隐患。

5. 逐日计划格式要求及注意事项

（1）注意事项

①带班教师应该在每周四下午四点之前，将计划本上交年级组长，并在年级组长批阅后及时拿回计划本。

②每周下午班教师应和上午班教师一起商量本周工作重点。书写的目标应为发展目标，并且和本周逐日计划里的学与教活动相吻合。

③教师的逐日计划中应体现当天幼儿的活动内容，上午班教师应书写的内容包括：教育计划、生活计划、区域计划和户外活动计划，其中教育计划应每周五天体现不同领域的内容，生活计划为一个阶段的目标，区域计划是本日教师重点指导的区域活动，户外活动应该保证游戏种类和材料丰富，并且根据户外活动一小时的要求，安排动静结合的活动内容。下午班教师计划书写内容应该是区域活动、生活活动、户外活动。

④带班教师需要临时更改计划内容时，如果是前一日，应该提前书写在计划本折起的部分，如果是当日，应该在活动结束以后，补在计划本折起部分。

⑤待年级组长批阅后，应及时修改不合适的部分，并按照计划安排幼儿一日生活。

（2）具体书写格式

①周计划格式。

【 示 例 】

日期： 月 日—— 月 日（上午班/下午班）

一、本周工作重点

1. 语言

2. 科学（包括数学）

3. 艺术（音乐或美术）

4. 社会

5. 健康

二、生活活动

重点指导：

目标：

三、区域活动

（一）×区

目标：

材料：

（二）×区

目标：

材料：

四、户外活动

（一）集体活动

1. 基本动作训练（结合体能测试里面的基本动作，包括走、跑、跳、投、钻、爬）

目标：

材料：

2. 集体活动

（1）早操/课间操（包括徒手操、器械操、武术操、集体舞等）

目标：

材料：

（2）游戏（至少两个游戏）：一个游戏需要材料，一个游戏需要有基本动作训练中的动作

目标：

材料：

游戏玩法：

（二）分散活动（材料要丰富）

目标：

材料：

五、家长工作（多种形式）

②逐日计划格式。

【 示 例 】

日期： 月 日 星期×

一、教育活动

活动名称： （××领域）

（一）活动目标

（二）活动准备

1. 材料准备：

2. 经验准备：

（三）活动重难点

（四）活动过程

（五）活动延伸

二、生活活动

重点指导：

目标：

三、区域活动

（一）×区

目标：

材料：

（二）×区

目标：

材料：

四、户外活动

（一）集体活动

1. 基本动作训练（结合体能测试里面的基本动作，包括走、跑、跳、投）

目标：

材料：

2. 早操/课间操

目标：

材料：

3. 游戏（至少两个游戏）：一个游戏需要材料，一个游戏需要有基本动作训练中的动作

目标：

材料：

（二）分散活动

6. 与家长沟通的注意事项

（1）基本注意事项

①与家长沟通前要做好充分准备。教师与家长沟通的时间有限，为了能够在最短的时间内达到最好的沟通效果，在与家长沟通前，教师应该做好充分的准备，才能做到有的放矢。不妨列一个提纲，将需要沟通的问题写出来，做好沟通的准备。

②要多途径沟通。与家长沟通的方式很多，如果双方都有时间，可以选择面谈。但有的家长工作繁忙，平时没有多余的时间，遇到这种情况，教师可以采取短信、电话、联系册、邮件、QQ 等方式与家长沟通。无论用什么方式，最终目的都是尽快解决孩子教育方面的问题。

③与家长沟通时注意谈话技巧。在与家长沟通时，要充分运用语言技巧。每个家长都觉得自己的孩子是最棒的，所以在谈到孩子时，千万不要直接说孩子这不好那不好，这样家长很难接受。最好分两方面来说，先客观地评价孩子的优点，然后再说说孩子的不足之处，这样家长比较容易接受。

④尊重家长。与家长沟通的前提是尊重。虽然我们是老师，但是我们与

家长是平等的，不要总是摆出一副高高在上、让人难以接近的姿态。要展现出幼儿教师应有的热情、和蔼可亲以及平易近人的形象。只有这样，才能为以后的沟通打下良好的基础。

⑤学会聆听。在与家长的沟通中，难免会遇到一些家长对幼儿园的工作很不满意，会将各种不满和牢骚发泄在教师身上。遇到这种情况，教师应该认真聆听家长的意见，不要与家长争执，必要时可以做好记录，以便向上级反映。

⑥多征求家长的意见。幼儿工作是很繁杂的，难免会出现各种疏漏之处。在与家长沟通时，多向家长征求意见，了解家长的需求，以及幼儿园在孩子教育方面的不足之处，如幼儿园的饭菜是否可口，孩子是否喜欢自己的老师，家长对老师的教育方式有没有疑问，等等。做到家长多提意见，教师及时反馈。

⑦分享教育方法。很多家长由于工作繁忙，无暇顾及孩子的教育问题，认为只要把孩子放到幼儿园就万事大吉了。教师在与家长沟通时，要多给家长讲一些教育知识和方法，不但能让家长佩服老师的专业素养，对老师增加信任感，还能让家长多关心孩子的教育问题，最终更好地配合老师的工作。

（2）在与家长谈论孩子出现的问题时，可以着重注意以下几点

①尊重家长是前提。家长和我们是平等的，不存在贵贱之分，尤其是对待那些调皮孩子的家长，更要悉心交流，多从我们自身找原因，站在公正公平的角度来分析问题的症结所在，与家长共商解决问题的对策，切莫当众指责家长，甚至侮辱家长，这样不仅不能解决问题，还可能激发更大的矛盾。当与家长的看法有分歧时，也应平心静气地讲清道理，说明利害关系，既要以礼待人，更要以理服人。记住，尊重家长就是尊重自己。

②懂得倾听是手段。与家长交流要懂得倾听，不能以"教育权威"自居，一味讲述自己认为的大道理。这种交流只是片面的交流，不利于教师掌握更多的信息，甚至有可能自己也存在错误，但自己发现不了，因为当局者迷，这时只有懂得倾听，才能发现更多，才能更加全面地分析问题、解决问题。

③流露真诚感。用真诚的语言或行动与对方沟通。以诚感人要求诚与情密切配合，要使人动情，唤起人的真情，以诚感人要做到诚与真结合；以诚感人还必须伴之以虚心，否则难以取得对方的信任。评论幼儿要客观真实。

④注意谈话形式与方式。我们与幼儿家长的关系应是平等的同志关系，

我们与家长的谈话，切忌用教训式语气，而应像对待同志或客人那样用商量或交流的口吻；态度要随和，语气要真诚，语调要亲切，语势要平稳，使家长一听就明白，能准确把握要旨，从你的话语中受到启发。

⑤语言务求得体和有分寸。语言是心灵的窗户，是一个人综合素养的反映。身为教育工作者，在与家长谈话时也应该为人师表。得体的称呼，使对方一听称呼就有一种相知感，从而产生亲切感，缩短交流双方的心理距离，甚至建立起感情基础。我们得体的语言可以赢得家长的尊敬，增加家长的可信度，形成和谐的沟通氛围。所谓语言得体，最主要的是与职业身份、场合、交流的对象、解决的问题得体。谦虚、中肯、客观，掌握好分寸、语气，不说过火的话，不说力所不能及的话。

⑥分析家长是功课。我们面对的是不同的家长，他们的文化层次、家庭背景和个性特点各不相同，所以交流时使用的语气和方法也各不相同。在与家长交流前，要做好交流前的功课，即对家长有一定的了解和分析，做到胸有成竹，从容应对。面对脾气暴躁的家长，语气要缓和些，对待那些对孩子不闻不问的家长，语气则需要坚定些……

⑦谈话要委婉，注重可接受性。我们和家长谈话时，一般应先讲幼儿的优点，后讲缺点，对孩子的缺点也不要一下讲得过多。应该给家长一种感觉：孩子每天都在进步。唯如此，家长才会欢迎我们，愿意接受我们的建议，愉快地与我们合作，也能正确认识和对待孩子的优缺点。要把握好沟通步骤，"哪壶先开提哪壶"，先说说孩子的优点和进步，等家长有了愉快的心情，再逐渐提一些建议，家长会更乐于接受。可以采取"避逆取顺"的策略，避免触动对方的逆反心理而迎合其顺情心理的策略；也可以采用变换语言或变换角度的手法来叙述。因为同一件事，往往可以从多个角度来描述它，为了使人们乐意接受，我们应尽量从人们易于接受的角度去叙述，尽量避免从容易引起人们反感的角度叙述。要注意了解各种忌语，尽量不说别人忌讳的话语。掌握上述心理策略，在沟通中就可减少一些产生逆反心理的可能。另外，当家长在解决孩子问题的过程中遇到困难时，教师应站在家长的角度来帮助家长，取得家长长久的信任。

（3）幼儿出现事故后，教师怎样与家长沟通

①幼儿方面。

a. 及时处理受伤者。当幼儿受伤时，教师要马上判断幼儿受伤的大致程度，程度轻的，如表皮擦伤，可自行处理，程度重的，如伤口流血、骨折等情况，在叫园医的同时应为幼儿止血，使幼儿受伤的肢体保持不动。幼儿园不能解决的，要马上送去医院处理，不得延误治疗时机。

b. 保护幼儿的心理。幼儿受到伤害，往往容易产生恐惧心理，教师应及时帮助他们消除恐惧，给予更多的抚爱，鼓励他们勇敢面对。有的事故是一个幼儿对另一个幼儿的伤害，教师千万不要指责伤害者，教育要适可而止，以免让这个伤害同伴的幼儿背上沉重的心理负担。

②教师方面。

a. 记录事故发生的情况及处理过程。

b. 分析需要汲取的经验教训。

c. 明确教师应有的正确行为，预防今后事故的发生。

③家长方面。

a. 及时通知受伤幼儿的家长。幼儿在园发生安全事故后，当事教师应及时告之家长真实情况，还可征求家长的处理意见，不要等到家长来园接人时才说，应尊重家长应有的知情权。

b. 做好受伤幼儿家长的安抚工作。幼儿发生安全事故，任何一个家长都会难受，有的家长会表现出通情达理，有的家长则会一改往日的温和，对幼儿园或教师大加指责。不论家长态度如何，我们都应换位思考，理解家长，主动上门，诚恳地向家长致歉，并详细地介绍事故发生的经过，与家长交流对幼儿的日后护理，协调好与家长的关系。

（4）家长不理解幼儿园的规章制度怎么办

①对家长致歉及致谢。家长提出问题，表明对幼儿园现有工作的不满意，教师要在第一时间向家长道歉："对不起，我们工作不到位，请您原谅。"紧接着要致谢："真的很感谢您能给我们提出来，这样我们才能尽快发现不足，尽快改进。"

②详细记录家长反映的问题。最好当着家长的面，用笔等方式把家长反映的所有问题详细记录下来，记好以后，口头跟家长重复一遍，取得家长的确认，如"这些是您反映的问题吗？还有没有其他的？"

③向家长阐明幼儿园相关的制度。向家长详细说明幼儿园与家长反映的问题有关的制度，同时跟家长表明态度："我们幼儿园的制度虽然是这样的规定，但您反映的问题有特殊性，我们会具体考虑，尽快给您满意的答复。"（最好给出具体时间，比如一天内或两天内）

④向家长讲解处理结果及原因。最好由当事教师（比如孩子班上的教

师）亲自出面，为家长讲解一下处理结果，及幼儿园这样处理是基于什么样的考虑。

⑤以正常的心态面对家长的不理解。

a. 正常心态。幼儿园作为一个面向大众的服务机构，不同的家长会有不同的需求，作为管理者或当事人，既不要为此过分忧虑，也不要想方设法回避。把家长的不理解看成是幼儿园工作中的一项基本工作。

b. 重视心态。无论家长出于什么原因不理解，幼儿园都要认真对待，给予高度重视。这表明幼儿园对工作和家长负责任的态度。

c. 紧迫心态。问题拖的时间越长，家长的不满意度就会越高。要在最短的时间内拿出解决问题的办法，并取得家长的认可。问题解决得越快，家长的满意度越高，这种高满意度会让家长转变为幼儿园的积极拥护者和支持者。

（5）分类对待家长的不理解

a. 有道理的：应该尽快了解情况，予以妥善解决。

b. 因误解：应该尽快解释，消除误解。

c. 没有道理的：及时与家长沟通，讲解幼儿园的具体情况，取得家长的理解。

（6）面对幼儿迟到，怎样和家长沟通

首先，要了解幼儿迟到的原因。幼儿迟到的原因可以分为两类：一类是由于幼儿拖拉等问题导致的迟到，另一类是由于家长有事导致的迟到。其次，针对不同的情况，我们要进行有针对性的沟通。比如，如果是幼儿家长比较忙，来不及照顾孩子，需要提示家长，与家长沟通幼儿不按时到园的后果，希望家长能准时送幼儿到园。如果问题来自幼儿，是幼儿比较拖拉，不服从家长管教，这时就需要和家长及时沟通，一起帮助幼儿改正不良习惯。幼儿一旦按时来园，教师及时鼓励和表扬，从而让幼儿养成准时来园的习惯。

（7）如何向家长发放大型活动通知

用温馨的语言提前告知家长，活动通知写清时间、地点、活动目的以及活动的具体安排和要求。将活动通知单发送给家长，提醒家长仔细阅读，并填写活动回执单。

7. 幼儿园开展家长工作的途径

（1）电话

可以通过打电话的方式与家长沟通幼儿的紧急情况（要使用幼儿园的电话）。

（2）留言板/留言本/便签

请家长将今天要叮嘱孩子的事情写在留言板/留言本上，教师及时关注并提醒幼儿，或是家长将要与教师沟通的问题写下来，教师及时地进行回复。

（3）家长会

及时将班里的情况记录下来，包括一些幼儿常见的问题、需要注意的地方，还有大部分幼儿出现的相似的问题，在家长会上可以与家长们进行交流与沟通。

（4）幼儿成长手册

根据幼儿园保教课程内容，编制"幼儿成长手册"，每周发放一次，使家长及时了解孩子在园的生活、学习、健康等方面的情况。

（5）家园联系栏

各班用壁报形式开设家园联系栏，向家长及时公布班级活动信息、动态，通知保教内容和幼儿成长情况。每周更换一次。

（6）家访、约谈

对幼儿在园学习、生活情况做好定期和随机的家访工作，并做好家访记录。定期家访在新生入园前、学期初及期末时开展。随机家访在幼儿两天不来园、有特殊情况、生病长时间不来园等情况下开展。

（7）家长学校

以家长为对象，有目的、有系统地向家长传授家庭教育的科学知识，交流推广家教经验。

（8）幼儿园工作开放日

每月向家长开放一次活动，让家长充分了解幼儿园的教学情况和孩子的发展情况。

（9）家长问卷

定期向家长进行各类调查，征求家长对幼儿园管理、服务与教师保教态度、能力等意见，发挥家长的监督作用。

（10）网站

让家长通过网络了解幼儿园的历史、动态、发展情况。

8. 班级卫生保健工作注意事项

（1）交接班本、考勤表

①内容。

a. 记录来园幼儿和全勤幼儿人数。

b. 幼儿晨检情况。

c. 幼儿活动情况。

d. 缺勤幼儿姓名。

e. 及时填写突发情况，如幼儿早接、服药情况（有家长亲自喂药的也要记录）、幼儿身体不舒服等。

f. 填写缺勤记录表及原因，及时电话追查幼儿不来园的原因。

②注意事项。上午班教师写上午的情况，下午班教师写下午的情况。

（2）接种疫苗注意事项

①内容。及时下发疫苗接种本，提醒家长带幼儿打针，及时收回疫苗本并交医务室。

②注意事项。

a. 如不同意接种疫苗，请家长签写"我不同意接种疫苗"和家长姓名。

b. 遵医嘱是否需要在家休息。

c. 幼儿打针后，教师需要做的事项要询问医生，并配合其照顾幼儿。

d. 时刻关注发烧、惊厥、过敏幼儿。

（3）服药记录单

①内容。

a. 填写幼儿园儿童家长委托老师服药记录。

b. 填写幼儿园用药委托书。

c. 填写自带药幼儿服药条。

②注意事项。

a. 剂量具体到几毫升，时间精确到几点，教师及时填写执行时间并签字。

b. 教师只接一顿中午吃的药。

c. 中药（汤药）、消炎药、保健品、国外用药不能在园给幼儿服用。

（4）查牙涂氟

①内容。

a. 下发幼儿涂氟知情同意书，提醒家长填写并带回。

b. 配合医生组织幼儿涂氟。

c. 涂氟之后咬住模具一分钟后吐出，为幼儿准备纸巾擦嘴。

②注意事项。涂氟半小时后饮水；提醒家长带领需要矫治的幼儿进行

治疗。

（5）体检

①内容。

a. 通知家长幼儿体检的事项。

b. 下发幼儿体检本。

c. 填写化验单的幼儿信息。

d. 配合医生组织幼儿体检。

e. 通知没来体检的幼儿补检。

f. 体检本及时交给保健医。

②注意事项。及时将幼儿在体检中出现的问题反馈给家长。

（6）体能测试

①内容。

a. 结合体能测试开展相应的体育锻炼。

b. 针对能力较弱的幼儿，进行有针对性的指导，并与家长合作。

c. 参照体能测试标准进行体能测试，数据真实、科学。

②注意事项。体能测试单不要有涂改；告知家长幼儿体能测试的结果。

（三） 配班教师

1. 晨间准备

（1）7:30 之前开窗通风。活动室、盥洗室开窗通风至少二十分钟。如遇雾霾天，九点以后开窗通风，根据教委当天通知，确定是否开展户外活动。

（2）清洁消毒表面，孩子来园前，主班和配班一起擦表面灰尘：用稀释后的 84 消毒水按顺序擦拭水杯格、水杯格台面、毛巾格及台面、长条桌（每班固定一张放毛巾盆的桌子）、玩具柜、门把手、窗台（先擦活动室，后擦睡眠室、盥洗室）、窗户栏杆、楼道、衣柜上面、水龙头。擦拭过程中，从始至终保持水的清洁，中途浑浊需及时换水。

（3）水杯、毛巾的摆放：早上将幼儿水杯放在水杯柜台面上，用布盖好。毛巾放入筐中，放在毛巾架旁边的小椅子上，以便孩子使用。

2. 餐前准备及进餐

（1）围裙、帽子和口罩穿戴整齐，先进洗消间取消毒盆、清水盆、消毒布、清水布及孩子擦桌子布，两盆不能摞放，泡 84 消毒水的布和清水布不能混放。回到班里盥洗室兑 84 消毒水，接清水，浸泡布，确保水量足够。量杯要放班上。配比时要先配好水，再放布。84 消毒液单独放置在班中顶柜里，不得与其他物品混放。

（2）7:40，84 消毒水配比完毕，准时擦桌子。

（3）餐前消毒流程：第一遍清水—第二遍 84 消毒水（间隔 5 分钟）—高温消毒布。

（4）消毒桌面要求：干净的布与擦过的布不能接触。按"弓"字形擦，两张长条桌用一块布，一个布面擦一张桌子，桌子外围也要擦。

（5）消毒完桌面，将消毒盆和清水盆端回洗消间。进行餐车消毒（专用盆和布），清水布擦一遍，84 消毒水布擦一遍。7:45 准时拿碗。

（6）中大班值日生发碗、盘子、筷子，盘子和碗不得贴近围裙，不得用手拿筷子头。小班的勺子要放在盘子里，中大班的勺子放在消毒后用餐的桌面上。小中大班用餐过程中，筷子或勺子要架在盘子上。

（7）7:50 准时拿饭，餐车推到班里，停放的位置要适宜，不挡门，不妨碍孩子走路及活动。（要求：不管是拿碗还是拿饭，教师们要准时到，做到人等电梯。如果一层的教师没有擦完桌子，也要先拿碗，回来再继续擦桌子）

（8）分餐时要兼顾已进餐的幼儿，加快速度。

（9）幼儿吃上饭稳定后，在班上盥洗室手洗高温消毒布，随餐具送回。

（10）早餐如有鸡蛋，小班老师剥壳后，切成一半发放。鹌鹑蛋可以发给孩子自己剥，并给孩子发餐巾纸（对折好）放蛋皮。蛋皮不能与干的食物混放。

3. 餐后环节

（1）前一天用清水泡毛巾，7:30 之前用洗衣机洗毛巾，每周五 9:00 搓毛巾。

（2）餐后用搓衣板搓洗 84 消毒布、清水布和擦桌布。

（3）餐后将洗好的擦手毛巾高温消毒，然后洗儿童劳动布。8:45 进区指导，9 点统一户外晾晒。（雾霾天除外）

（4）高温消毒布：在取碗时取高温消毒布，在送碗时送布。需要注意的是，送碗时，消毒布不能与脏碗同梯，要单走取碗梯。消毒毛巾用完必须手搓清洗，并随时保持潮湿，以免蒸糊。

4. 区域游戏

为幼儿提供擦桌布，方便其自我服务，如自然角有水，美工区颜料洒桌面上等情况时使用。

5. 集体教育活动

主班教师开展集体教学活动时帮助控制时间，注意采光，关注用眼卫生。

6. 过渡环节

（1）喝水前用清水毛巾擦桌子，并准备幼儿擦桌布，放在桌面上。

（2）小便、洗手、喝水。男女孩小便时要分开。

（3）饮水时要关注幼儿饮水量，不能边走边喝。

7. 户外活动及准备

（1）整理衣服。

（2）天冷穿棉背心。

（3）带班老师兜里装卫生纸。

（4）不要在楼道整队，按顺序下楼。

（5）关注幼儿安全。

（6）连续一小时户外活动（依据天气情况调整），中途不能回班喝水。

（7）户外材料丰富，有集体组织活动，也有分散活动。

（8）户外活动下楼前，教室开窗通风。

8. 午餐

（1）11:00，用清水布擦桌子准备喝水，幼儿喝完水用84消毒布擦桌子（雾霾天、特殊天气除外）。

（2）下午班教师按时回班拉床，准备床铺。小班10:45拉被子。

（3）餐后刷牙，牙膏小管，拧开盖，牙刷三排六柱（牙刷的刷毛排列方式为三排、两列，一共有六柱刷毛）。

（4）洗布流程同早餐。

（5）擦桌子，扫地，擦地。

（6）盥洗室刷水池，冲厕所，擦地。

（7）进餐时剥的皮放在餐巾纸上。

（8）幼儿餐后散步。

（9）将擦桌布、消毒布清洗甩干后，晾晒在户外（雾霾天在室内晾晒）。

9. 午点

（1）提前拿回来的午点用盖布盖上。

（2）提前 30 分钟削皮，将地面果皮清理干净。

（3）午点盘装在布袋里，配班 2 点上班先拿午点盘。

（4）削皮器要清洗消毒。

10. 起床

（1）提前 5 分钟叫醒，午检。叠被子的要求：晾被子 5 分钟，枕头放被子上面，褥子与脚下齐平。叠好的被子与枕头同宽，铺的被子长边向里收，与脚对齐，整理后与床同宽。夏天带的背心放枕头下面，尿垫不能露在外面。

（2）叠好被子，配班开窗通风，擦地。

（3）主班带孩子洗手、喝水、吃午点，为牙不好的、吃不了大块水果的幼儿将水果切成小块。

（4）在吃午点前梳头，短发的女孩尝试自己梳，长发的女孩需要老师帮助。每个孩子有专用梳子，梳子上写好名字。

11. 晚餐及餐后、 离园

（1）晚饭孩子漱口后收洗水杯，收毛巾。毛巾泡在清水盆里。

（2）配班必须与主班一起开晚餐。不能提前擦地。

（3）放学时必须协助主班放学。

（4）放学后清洁表面，擦盥洗室和教室地面，清空厕所及教室垃圾。

（5）和主班摆齐椅子。

（6）将第二天要用的毛巾摆在盥洗室门口，并用盖布盖好。

（7）肥皂盒清洗、晾干。

（8）教室及洗消间断电，所有插销全部拔掉。

12. 带药

（1）尽量劝其回家吃药，幼儿园只管一顿中午的药。

（2）不接消炎药（例如头孢、先锋、霉素类）。

13. 一周工作安排

（1）周三晚上清洗水桶，晾水。清洗水桶时，陈水要倒掉，不能倒回桶内。水桶清洗干净后加入新水，避免第二天水烫。下午擦洗水杯、午点盘、梳子。

（2）周四清洗牙杯，泡牙刷，消毒玩具和筐，清洗各种盖布和遮布。

（3）周五洗毛巾。

（4）其他物品请按每班贴墙上的《卫生消毒标准》按时消毒。

（5）月中紫外线消毒睡眠室，将幼儿带离教室，打开紫外线灯后，锁门，以免他人误入。

（6）月底退被子。

三、卫生保健人员岗位

（一）保健班长

时间	工作内容	工作方式	档案材料
一月	1. 儿童营养膳食全面工作 2. 总结本学期工作 3. 确定下学期工作重点 4. 预约假期接种疫苗并下发疫苗接种本 5. 落实各班卫生保健工作 6. 完成上级主管部门下达的工作 7. 全园教师常规培训 8. 保健班长向地段保健科上报传染病情况	集中培训	文字材料、会议记录
二月	1. 儿童营养全面工作 2. 关注假期传染病疫情相关情况 3. 追回假期疫苗接种本，预约下月疫苗	自主安排	文字材料
三月	1. 儿童营养膳食、营养计算工作 2. 做好各项医疗用品及各种统计资料的发放 3. 办理好插班新幼儿的保健卡证的存档工作 4. 及时进行各年龄段的计划免疫、查漏补种 5. 外来务工人员接种	集中检测制度相关流程	会议记录、照片、各项工作计划

（续）

时间	工作内容	工作方式	档案材料
三月	6. 组织教职工体检及复检，办理健康证达到100% 7. 视力低常幼儿复查 8. 食品安全、卫生、消毒工作检查 9. 班级常规工作检查 10. 常规培训，生活、游戏落实 11. 对全园教师进行传染病培训 12. 利用宣传栏做好防病知识的宣传 13. 相关传染病疫情处理	集中检测制度相关流程	会议记录、照片、各项工作计划
四月	1. 全园幼儿查牙涂氟 2. 五官保健（视力、听力、口腔）及健康宣教 3. 体弱儿、肥胖儿管理 4. 抓好班级卫生常规工作 5. 体质测试培训	按验收或督导要求整理材料	档案材料分类成盒
五月	1. 全园幼儿大体检（身高、体重、听力、视力、血色素、心肺），完成妇幼二期、儿童保健记录本上幼儿体检登记及数据存档 2. 全园幼儿体质测试 3. 五官保健（视力、听力、口腔）及健康宣教 4. 家委会成员参与伙委会会议	集中检查	活动方案、照片、文字材料
六月	1. 儿童膳食营养计算 2. 全园幼儿大体检（身高、体重、听力、视力、血色素、心肺），完成妇幼二期、儿童保健记录本上幼儿体检登记及数据存档 3. 进行体检的分析统计工作	集中检查	文字材料

（续）

时间	工作内容	工作方式	档案材料
六月	4. 全园幼儿体质测试，数据输机进行分析 5. 卫生保健大报表 6. 大班毕业（退还疫苗接种本、保健记录本） 7. 夏季食品安全检查、宣传 8. 有关幼儿园伙食的家长问卷调查	集中检查	文字材料
七月	1. 总结工作 2. 制订下一学期工作重点 3. 预约假期接种疫苗并下发疫苗接种本 4. 全园教师常规培训（假期前的培训） 5. 新生招生工作（审验体检表、接种证）	集中培训	文字材料
八月	1. 儿童营养膳食 2. 开学前的培训工作 3. 收回假期疫苗接种本	自主安排	文字材料
九月	1. 儿童膳食营养计算 2. 整理资料，完成新入园儿童查漏补种工作 3. 办理好小班新生的插班幼儿的体检资料、儿童健康转园证明的存档工作 4. 视力低常幼儿复查 5. 全园幼儿查牙涂氟及幼儿牙齿矫治工作 6. 检查指导常规工作 7. 做好各项医疗用品及统计资料的发放 8. 保健室新生家长会准备 9. 保健室宣传版面的规划、实施	集中检查、制订相关流程	文字材料

（续）

时间	工作内容	工作方式	档案材料
十月	1. 做好儿童的口腔检查及防龋工作 2. 抓好各班级、食堂的卫生工作 3. 食堂消毒工作 4. 做好各种传染病的预防工作 5. 检查指导各班常规工作 6. 加强户外活动的检查力度	集中检查	文字材料
十一月	1. 迎接各项检查工作 2. 幼儿龋齿矫治 3. 空气污染相关工作（班级开展室内体育） 4. 班级常规工作检查 5. 健康教育宣传工作	家长参与、家园协作	文字材料
十二月	1. 儿童膳食营养计算 2. 视力低常幼儿复查 3. 全园幼儿体检，完成妇幼二期、儿童保健记录本上幼儿体检登记及数据存档 4. 特殊天气的管理（制订特殊天气活动计划） 5. 总结学期工作	汇集统计表	文字材料

（二）保健员

1. 每日常规工作

时间	工作内容
07:30—08:00	晨检
08:00—08:45	巡班（早餐情况、大面消毒、带药情况、常规等）
08:45—09:00	整理晨检巡班记录

（续）

时间	工作内容
09:00—10:00	卫生保健文案工作
10:00—11:10	常规公卫检查、巡视户外活动、睡前准备
11:10—11:30	检查午餐常规
12:00—14:00	巡视午睡常规
14:00—14:30	起床、午检、吃午点情况
14:30—15:20	卫生保健文案工作
15:20—15:50	巡视户外活动
15:50—16:10	检查晚餐前准备
16:10—16:30	巡视晚餐常规
16:40—17:00	幼儿离园
17:00—17:30	离园前检查

2. 每周常规工作

时间	工作内容
周一	汇总各种表格，常规培训
周二	保健室人员统一业务学习
周三	上午：全园卫生周检查；下午：检查水杯、午点盘的清洗
周四	检查牙刷、牙杯、梳子的清洗
周五	上午：检查搓毛巾情况；下午：检查图书晾晒、玩具消毒情况

3. 每月常规工作

①预防接种。

②健康教育。

③体弱儿、肥胖儿管理。

④召开伙委会。

⑤上报卫生综合统计信息。

⑥儿童营养膳食工作。

四、后勤人员岗位

（一） 后勤主管

时间	工作内容
八月	1. 结合园里的工作，安排各部门科室进行全面的清理消毒工作 2. 保健医对全体教师进行保健工作和传染病的培训工作 3. 开学前安排食堂大灶清洗工作和玻璃的擦拭 4. 安排保洁做好幼儿园公共区域环境卫生，大型玩具清理死角 5. 做好各项的维修检查工作 6. 组织各班班长做好班级财产的交接工作 7. 结合全园工作计划，制订本学期后勤工作计划 8. 做好园内饮用水的滤芯更换
九月	1. 做好各部门的卫生清理、消毒工作 2. 做好新学期日常用品的购置工作 3. 组织各班做好室内、门前的卫生，清理班上的死角，做好幼儿生活用品的消毒卫生工作 4. 指导保健室、各班做好秋季卫生宣传和防疫工作，做好各班医用品、消毒用品的检查工作 5. 做好新幼儿保健卡整理工作 6. 做好食堂工作、卫生工作和机器设备检查工作 7. 为新入园小幼儿做好入园的伙食工作 8. 对厨房人员进行开学的培训 9. 完成幼儿园基础修缮工作 10. 资产、财务、各班人员配合领导开始下一年的预算统计 11. 指导财务室安排好新生收费注册工作 12. 后勤做好新学期入园的临时性工作 13. 指导各班做好节约宣传工作 14. 做好各项维保检查工作

（续）

时间	工作内容
十月	1. 做好室外过冬的准备工作，花草树木的保暖和移到室内的工作 2. 总园、分址做好冬季门帘更换工作 3. 做好库房和档案整理工作 4. 督促落实采购立项的执行情况 5. 做好分址灭火器的更换工作 6. 做好幼儿园的各项维保工作的检查 7. 做好幼儿园卫生和秋季传染病的宣传工作 8. 为提高食堂的质量，召开伙委会 9. 更换部分灭火器 10. 落实冬季取暖工作计划、落实工作要求 11. 做好各项维修、临时性工作和后勤日常工作
十一月	1. 落实防冻工作门窗、电线、水管的安置 2. 加强对司炉工岗位责任的组织学习，随时检查运行记录 3. 加强对锅炉的检查和运行情况监督，保证供暖质量 4. 加强对幼儿园后勤日常工作的督促和检查 5. 指导保健医做好秋季卫生的宣传工作和传染病宣传 6. 做好幼儿园的临时购置工作 7. 落实政采项目 8. 做好幼儿园食堂大灶清理工作 9. 做好幼儿园各项维保检查工作 10. 做好幼儿园各项维修和后勤临时性工作
十二月	1. 加强供暖运行的管理，保证供暖，做好防冻 2. 做好寒假安排，安排好假期物品交接 3. 安排维修人员进行设备设施的检查，制订假期维修计划，准备并有计划地完成维修工作。各班上报维修项目并与维修人员沟通落实此项工作 4. 假期前上报下学期所需物品 5. 做好幼儿体检、检查的整理 6. 指导各班、各部门搞好假期前的环境卫生 7. 做好幼儿园各项维保检查工作 8. 做好学期总结

（续）

时间	工作内容
一月	1. 整理和梳理后勤的各项工作总结 2. 结合本学期的工作，结合幼儿园的工作需要，思考新学期的后勤计划 3. 如有装修项目，假期做好维修的准备工作 4. 做好幼儿园假期维修工作的安排 5. 做好寒假的假期工作安排 6. 指导各班教师做好班级的收尾工作 7. 做好幼儿园各项维保检查工作 8. 做好幼儿园食堂大灶清洗工作
二月	1. 结合上一学期工作整理新学期全园后勤计划 2. 做好幼儿园后勤日常用品购买工作 3. 安排保洁做好幼儿园公共区域环境卫生，大型玩具清理死角 4. 做好幼儿园饮水机滤芯更换工作
三月	1. 开学各部门做好各项卫生清理、消毒工作 2. 做好新学期班级的购置工作 3. 指导各班做好班级室内和门前卫生，做好幼儿生活用品的消毒卫生工作 4. 指导保健室、各班做好春季卫生宣传和防疫工作，做好各班医药用品的检查消毒用品更换工作 5. 加强对食堂工作的检查与沟通，检查食堂的各项记录和机器设备的运转情况 6. 召开厨房的工作会 7. 做好绿化工作，完成用水指标的调整工作 8. 加强保健医及各班教师对幼儿的晨检和午检 9. 做好幼儿、成人体检准备安排 10. 对教师们进行卫生保健和保育员的常规培训工作，各班开展健康教育活动 11. 做好幼儿园各项维保检查工作 12. 做好资料室和库房的各项整理和登记工作 13. 做好每月的节约宣传活动 14. 对幼儿园的固定资产进行整理和检查 15. 做好开学对保安、保洁的培训工作

（续）

时间	工作内容
四月	1. 加强各班教师对幼儿的晨检和午检工作 2. 指导各班开展幼儿的健康活动及卫生宣传工作 3. 加强保健医对各班对幼儿户外活动时间及活动量的检查和管理工作 4. 指导各班教师协助保健医做好幼儿的体检工作和动员工作 5. 检查并督促各班教师做好幼儿的体能锻炼 6. 做好幼儿园传染病的宣传和检查工作 7. 越冬花木移到室外，因地制宜开展绿化环境 8. 做好幼儿园卫生、档案、用品购置、环境建设、电教设施等各项工作 9. 满足教职工的要求，提高厨房的技术水平，组织开展食堂技术交流，营造互帮互学的精神环境 10. 做好幼儿园每个月日常用品的采购工作和临时维修工作 11. 做好幼儿园各项维保检查工作 12. 做好资产管理工作，各部门做好请购、审批、购买、入账等规范化管理要求，做好财产入账登记的工作 13. 指导各班做好每月的节约宣传活动
五月	1. 做好幼儿园的后勤日常工作 2. 做好幼儿园空调和电扇的清洗和检修工作，做好防暑降温的准备 3. 做好幼儿园卫生、保健的宣传工作 4. 协助保健教师做好幼儿的体能测试工作 5. 做好家长和幼儿的节约宣传活动 6. 向家长展示食堂伙食的水平，与家长共同召开伙委会 7. 做好灭蝇、灭蟑、灭鼠工作，检查纱窗是否完好 8. 做好临时的采购工作 9. 做好幼儿园临时性的物品维修工作 10. 做好总园、分址灭火器的更换工作 11. 做好幼儿园各项维保检查工作
六月	1. 落实雨季的各种防汛工作，重点地点加倍防护 2. 指导各班、各科室进行自查，并向后勤管理人员处登记维修物品。后勤管理人员负责组织安排保管员进行教室、门窗、玻璃、照明、电教、水管等设备设施的全面检查和计划维修

（续）

时间	工作内容
六月	3. 做好节水教育 4. 落实防暑降温工作 5. 指导保健医做好大班毕业退保健卡片的工作 6. 配合考核小组做好对教职工的考核工作 7. 做好新生入园工作 8. 开展资产自查、园查 9. 开展健康教育活动 10. 收集各班的家园节约的宣传材料 11. 做好防汛检查，检查屋顶是否有积水和漏雨现象。疏通下水、篦子，防雨工具检查到位 12. 做好各项维保检查工作 13. 做好后勤的临时性工作
七月	1. 整理和梳理后勤的各项工作总结 2. 结合本学期的工作和幼儿园的工作需要，思考新学期的后勤计划 3. 如有项目装修，假期做好维修的准备工作 4. 做好暑期工作安排 5. 指导各班教师做好班级的收尾和交接工作

（二） 安全主管

时间	工作内容
八月	1. 对全园教师进行开学前的安全教育培训 2. 对全园进行开学的安全大检查 3. 为新入园的幼儿办接送卡
九月	1. 指导各班进行安全自查检查，清除班级死角，并认真做好每天的安全记录 2. 对各班的插销、电源进行普查 3. 对幼儿园房舍、大型玩教具、分园地下室、各班玩教具和设备设施自检有记录 4. 做好行政安全岗的调整，确保新幼儿过渡时间段的安全

（续）

时间	工作内容
九月	5. 指导各班上好安全第一课，并上交九月安全主题活动计划，包括电子版和纸质材料 6. 指导各班向家长进行安全宣传，让家长参与到幼儿园的活动中 7. 做好国庆节值班安排 8. 做好幼儿园的安全宣传工作 9. 安排对新职工消防器材使用培训 10. 对保安人员进行培训，衣着整齐上岗，严格看好大门 11. 做好电梯的检查年检工作 12. 加强食品安全的管理，把住进货关 13. 做好节前各班安全检查工作 14. 每月底做好各班、科室的安全自查和考核的工作
十月	1. 做好幼儿园的消防逃生演练活动 2. 组织各班上交十月安全主题活动计划，包括电子版和纸质材料。开展交通安全或者消防活动，向家长和幼儿做宣传，留电子资料、照片 3. 对教师们进行交通安全宣传和消防知识宣传，增强教师们的安全意识 4. 对保安进行安全培训和反恐培训 5. 指导各班每天做好班级的收尾工作和财产的管理工作 6. 做好每天幼儿园安全检查工作和各班的安全自查 7. 加强对食堂食品安全的管理和检查 8. 每月底做好各班、科室的安全自查和考核的工作
十一月	1. 组织各班上交十一月安全主题活动计划，包括意外伤害和煤气中毒。向家长和幼儿做好宣传 2. 对幼儿园教师进行冬季用火登记，提醒教师们避免自住和租住处所煤气中毒 3. 做好消防检查，大型玩具安全大检查 4. 做好锅炉的安全检查 5. 指导各班做好教师下班前的收尾工作 6. 开启各班热水器，每天注意用电安全 7. 每月底做好各班、科室的安全自查和考核的工作

（续）

时间	工作内容
十二月	1. 组织各班上交十二月安全主题活动计划 2. 做好节日的值班安排、准备及安全工作 3. 做好新年活动的安全预案和计划 4. 做好幼儿园安全大检查，保证孩子们户外活动的安全 5. 做好节前的安全收尾工作 6. 每月底做好各班、科室的安全自查和考核的工作 7. 做好冬季恶劣天气的安全宣传工作
一月	1. 做好幼儿园的收尾工作 2. 检查各班的用电安全 3. 做好假期的安全培训工作 4. 提醒教师在假期时将个人的贵重物品带走，不要存放在幼儿园 5. 做好幼儿园安全责任书的签订，做到层层落实 6. 做好各班安全总结活动上交的工作
二月	1. 做好新学期的安全培训工作 2. 检查各班的用电安全 3. 开学前对全园进行全面安全检查
三月	1. 指导各班开学对班级玩教具和设备设施实施自检并有详细记录 2. 做好两会的安全教育，签订责任，安排值班 3. 开展交通安全、消防安全的宣传活动 4. 做好取暖收尾安全工作，记录存档 5. 制订学期的安全计划，做好各班本月的安全工作 6. 对保安人员的培训工作，来园人员登记，反恐培训
四月	1. 开展交通安全、消防活动，并提交各班安全主题活动 2. 开展全园或者各组的安全逃生演练及宣传教育 3. 对幼儿园大型玩具进行安全大检查 4. 五一、清明进行安全教育宣传，做好法定假日值班安排 5. 做好各班幼儿户外的安全工作 6. 加强对食堂食品安全的管理和检查 7. 每月底做好各班、科室的安全自查和考核的工作

（续）

时间	工作内容
五月	1. 组织各班上交安全主题活动计划并在班级实施 2. 准备"六一"的活动准备工作，并上交活动计划和预案 3. 对幼儿园用电进行安全排查。安排好空调、电扇检修和维修 4. 关闭各班的热水器 5. 做好全园的安全自查工作 6. 每月底做好各班、科室的安全自查和考核的工作
六月	1. 上交各班的安全主题活动计划整理 2. 落实雨季防汛工作，重点地点加倍防护 3. 组织各班、各科室进行自查，发现安全隐患及时上报 4. 做好假期前对家长的外出安全宣传工作 5. 组织各班对家长进行夏季的卫生安全、防溺水安全宣传 6. 做好对保安的各项安全培训，做好记录 7. 每月底做好各班、科室的安全自查和考核的工作
七月	1. 做好各班的收尾工作，检查好班上的用电安全 2. 假期前做好对教师们的安全培训，假期时一定要注意接送孩子的安全 3. 对家长进行外出安全知识的宣传

（三） 财产保管员

1. 参与幼儿园安全防范工作，积极参加幼儿园的安全防范会议和安全培训。

2. 每天园内巡视，发现设施、设备、运动器材、餐梯方面的安全隐患及时报修。

3. 财产保管员在维修人员维修时做好配合和监督工作。并在施工的地方放置明显标志，警示大家注意安全。

4. 严格遵守采购制度，采购物品必须有购物申请单，并注明名称、品种、规格、数量、用途，并有申请人、负责人、财产保管员三人的签名。

5. 遵守验收入库、造册登记制度，对采购的物品及时清点、入库、上账，登记造册的物品、名称、数量应与记录相符合。

6. 遵守物品保管、领用制度，管理好各项物品，领用物品需登记、贵重物品借用，需园长同意并做好借用手续，人员调动或离开一定要做好个人借用物品的归还工作，归还物品时要当面验收，如有损坏，按制度赔偿。

7. 遵守物品的维修和报废制度，物品损坏先修理，不能修理的按流程报废。报废物品要加以区别，对不正常的损坏要找出原因，人为损害的要酌情赔偿。

8. 配合做好各项消防安全工作，合理、安全用水、用电，保持消防疏散通道畅通，发现隐患及时上报。

（四）会计

时间	工作内容
八月	1. 网上申报并进行住房公积金汇缴，为需要的教职工办理住房公积金的提取 2. 工资的编制及报送 3. 计算并上缴个人所得税 4. 凭证整理，核对原始单据、记账 5. 各项支出的审核、审批 6. 关注金财网、预算执行进度情况 7. 全口径债务申报 8. 临时报表的填制，各种检查、工资变更等
九月	1. 网上申报并进行住房公积金汇缴，为需要的教职工办理住房公积金的提取 2. 工资的编制及报送 3. 计算并上缴个人所得税 4. 凭证整理，核对原始单据、记账 5. 各项支出的审核、审批 6. 关注金财网、预算执行进度情况 7. 全口径债务申报 8. 与出纳核对应上缴的财政收入（保育教育费）、利息收入等，及时上缴财政 9. 统计各种能源（水、电、气）消耗情况，统计局网站填制并上报相关统计报表 10. 临时报表的填制，各种检查、工资变更等

（续）

时间	工作内容
十月	1. 网上申报并进行住房公积金汇缴，为需要的教职工办理住房公积金的提取 2. 工资的编制及报送 3. 计算并上缴个人所得税 4. 凭证整理，核对原始单据、记账 5. 各项支出的审核、审批 6. 关注金财网、预算执行进度情况 7. 全口径债务申报 8. 与出纳核对应上缴的财政收入（保育教育费）、利息收入等，及时上缴财政 9. 统计各种能源（水、电、气）消耗情况，统计局网站填制并上报相关统计报表 10. 企业所得税、环保税的网上申报 11. 准备下一年度数据，做好下一年度预算 12. 督促各类项目的支出进度，尽快完成全年预算 13. 财政授权支付业务收支与账务的检查核对 14. 下一年度收支预算工作的上报、修改 15. 临时报表的填制，各种检查、工资变更等
十一月	1. 网上申报并进行住房公积金汇缴，为需要的教职工办理住房公积金的提取 2. 工资的编制及报送 3. 计算并上缴个人所得税 4. 凭证整理，核对原始单据、记账 5. 各项支出的审核、审批 6. 关注金财网、预算执行进度情况 7. 全口径债务申报 8. 与出纳核对应上缴的财政收入（保育教育费）、利息收入等，及时上缴财政 9. 督促各类项目的支出进度，尽快完成全年预算 10. 财政授权支付业务收支与账务的检查核对 11. 下一年度收支预算工作的上报、修改 12. 临时报表的填制，各种检查、工资变更等

（续）

时间	工作内容
十二月	1. 网上申报并进行住房公积金汇缴，为需要的教职工办理住房公积金的提取 2. 工资的编制及报送 3. 计算并上缴个人所得税 4. 凭证整理，核对原始单据、记账 5. 各项支出的审核、审批 6. 关注金财网、预算执行进度情况 7. 全口径债务申报 8. 与出纳核对应上缴的财政收入（保育教育费）、利息收入等，及时上缴财政 9. 财政授权支付业务收支与账务的检查核对，收集各类项目支出的跟踪分析，为年终决算做准备工作 10. 与财产保管核对固定资产账目 11. 临时报表的填制，各种检查、工资变更等，准备年终决算工作
一月	1. 网上申报并进行住房公积金汇缴，为需要的教职工办理住房公积金的提取 2. 工资的编制及报送 3. 计算并上缴个人所得税 4. 凭证整理，核对原始单据、记账 5. 各项支出的审核、审批 6. 全口径债务申报 7. 年终决算报表的编报 8. 全国教育统计报表的编报 9. 统计各种能源（水、电、气）消耗情况，统计局网站填制并上报相关统计能源季度报表，填报统计年度报表 10. 年终账务的结账工作 11. 一季度用款计划的申请、录入 12. 关注金财网、预算执行进度情况 13. 临时报表的填制，各种检查、工资变更等

（续）

时间	工作内容
二月	1. 网上申报并进行住房公积金汇缴，为需要的教职工办理住房公积金的提取 2. 工资的编制及报送 3. 计算并上缴个人所得税 4. 凭证整理，核对原始单据、记账 5. 各项支出的审核、审批 6. 全口径债务申报 7. 临时报表的填制，各种检查、工资变更等
三月	1. 网上申报并进行住房公积金汇缴，为需要的教职工办理住房公积金的提取 2. 工资的编制及报送 3. 计算并上缴个人所得税 4. 凭证整理，核对原始单据、记账 5. 各项支出的审核、审批 6. 关注金财网、预算执行进度情况及财务人员建账的培训，按财政要求完成新一年账务的建立 7. 全口径债务申报 8. 与出纳核对应上缴的财政收入（保育教育费）、利息收入等，及时上缴财政 9. 临时报表的填制，各种检查、工资变更等有关统计报表
四月	1. 网上申报并进行住房公积金汇缴，为需要的教职工办理住房公积金的提取 2. 工资的编制及报送 3. 计算并上缴个人所得税 4. 凭证整理，核对原始单据、记账 5. 各项支出的审核、审批 6. 关注金财网、预算执行进度情况 7. 全口径债务申报 8. 与出纳核对应上缴的财政收入（保育教育费）、利息收入等，及时上缴财政

（续）

时间	工作内容
四月	9. 统计各种能源（水、电、气）消耗情况，统计局网站填制并上报相关统计报表 10. 企业所得税、环保税的网上申报 11. 临时报表的填制，各种检查、工资变更等有关统计报表 12. 整理装订上一年财务档案
五月	1. 网上申报并进行住房公积金汇缴，为需要的教职工办理住房公积金的提取 2. 工资的编制及报送 3. 计算并上缴个人所得税 4. 凭证整理，核对原始单据、记账 5. 各项支出的审核、审批 6. 关注金财网、预算执行进度情况 7. 全口径债务申报 8. 与出纳核对应上缴的财政收入（保育教育费）、利息收入等，及时上缴财政 9. 计算上一年每个人的年平均工资，准备社保基数、住房公积金缴存基数的变更 10. 临时报表的填制，各种检查、工资变更等
六月	1. 网上申报并进行住房公积金汇缴，为需要的教职工办理住房公积金的提取 2. 工资的编制及报送 3. 计算并上缴个人所得税 4. 凭证整理，核对原始单据、记账 5. 各项支出的审核、审批 6. 关注金财网、预算执行进度情况 7. 全口径债务申报 8. 与出纳核对应上缴的财政收入（保育教育费）、利息收入等，及时上缴财政 9. 临时报表的填制，各种检查、工资变更等有关统计报表

（续）

时间	工作内容
七月	1. 网上申报并进行住房公积金汇缴，为需要的教职工办理住房公积金的提取 2. 工资的编制及报送 3. 计算并上缴个人所得税 4. 凭证整理，核对原始单据、记账 5. 各项支出的审核、审批 6. 关注金财网、预算执行进度情况 7. 全口径债务申报 8. 与出纳核对应上缴的财政收入（保育教育费）、利息收入等，及时上缴财政 9. 统计各种能源（水、电、气）消耗情况，统计局网站填制并上报相关统计报表 10. 企业所得税、环保税的网上申报 11. 临时报表的填制，各种检查、工资变更等有关统计报表

（五） 档案资料员

时间	工作内容
八月	1. 做好开学准备工作，做好图书室、档案室、库房的清洁整理工作 2. 清点卫生用品、图书、各种玩具、文具材料，根据需求申购采买 3. 收集各班申购单，归总上报 4. 配合各班开学工作，完成玩教具登记发放、复印材料、发放卫生用品工作 5. 继续完成上一学年档案资料登记录入工作
九月	1. 完成新学期物品购置发放工作，毛巾、水杯、消毒杯、各类擦桌布，回收班上旧的物品，做好发放登记 2. 做好图书管理工作，新书及时登记入库

（续）

时间	工作内容
九月	3. 做好资料、玩教具、文具保管工作，教职工领物品做好登记 4. 保证器材使用安全，如复印机、塑封机、裁刀等，告知教师操作规范 5. 按时做好教委收发文系统的收发文件工作，及时将文件传给相关人员
十月	1. 收集各班物品采购申购单，归类整理，依据所需上报上一级部门 2. 做好资料室仓库物品出入记录 3. 节后做好各班饮水桶的更换工作 4. 采购物品及时发到班上 5. 做好每月卫生用品领取发放工作 6. 做好图书借阅工作 7. 做好档案资料收集整理工作
十一月	1. 按需按量发放每月班上所需卫生用品，并做好登记 2. 做好资料物品采买、保管、发放工作 3. 配合班上环境创设提供相应材料 4. 做好新书登记和借阅工作 5. 继续收集整理档案资料
十二月	1. 配合班级新年活动，提供所需物品材料，保证新年活动顺利进行 2. 清点库存和材料结余，为下学期做准备 3. 配合班上做好交接，坏损物品进行调换，如毛巾、水杯、漱口杯等 4. 做好各部门材料复印、打印工作
一月	1. 收集班级电子版墙饰照片存档 2. 收集各部门本学期计划、总结、记录等档案资料，分类登记 3. 向各部门征集学年中的大事，编写本年度年鉴 4. 做好寒假期间的准备工作，和值班组长做好卫生用品的交接工作

（续）

时间	工作内容
二月	1. 做好档案录入工作 2. 做好寒假期间的安全工作
三月	1. 做好图书室、资料室、档案室、库房的卫生清洁工作 2. 清点库存，根据所需做好日常卫生用品购置工作 3. 收集归纳各班采购申请，按需求上报主管领导 4. 做好图书的整理归纳及入库工作 5. 配合班上布置调整，做好玩教具退换及整理工作 6. 做好档案材料的补登工作 7. 及时将购置物品发到各班，保证班级活动使用
四月	1. 根据班上环境提供相应的材料和玩教具 2. 做好各部门材料的复印及打印工作 3. 在春季传染病高发时期，做好卫生用品、消毒用品的发放工作 4. 把握各种器材的安全使用方法，做到勤检查 5. 班上物品报损，及时联系更换
五月	1. 更换夏季用饮水桶，冬季饮水桶晾干，收库保存 2. 结合班上开展"六一"活动提供的所需物品、玩具，为"六一"活动提供支持 3. 做好班级各部门临时性物品采购登记和发放工作 4. 做好每日收发信息工作，保存好信息以供查阅 5. 实物档案及时登记编号
六月	1. 做好传染病防护工作，采买、发放灭蚊喷雾和防蚊液 2. 做好期末收尾工作，收集各部门需存档的资料，分类整理 3. 更换班上破损物品，如毛巾、水杯等，为下学期做准备 4. 结合班上收尾工作，做好玩教具的退换及收回入库 5. 提醒借书教师及时归还图书
七月	1. 做好档案资料整理、分类、入库工作 2. 做好假期安全工作

（六） 网络信息员

时间	工作内容
八月	1. 维护幼儿园门户网站，保障网站信息安全 2. 发布幼儿园教育教学相关宣传信息，上报数据 3. 维护计算机、打印机等电子办公设备，保证工作的顺利进行
九月	1. 做好教育统计、西城区幼儿信息管理平台信息维护等工作 2. 发布幼儿园教育教学相关宣传信息，上报数据 3. 维护计算机、打印机等电子办公设备，保证工作的顺利进行 4. 做好北京市学前教育综合管理系统信息维护工作
十月	1. 做好资助信息平台数据维护工作 2. 发布幼儿园教育教学相关宣传信息，上报数据 3. 维护计算机、打印机等电子办公设备，保证工作的顺利进行 4. 做好北京市学前教育综合管理系统信息维护工作
十一月	1. 做好教师信息管理系统数据维护工作 2. 维护幼儿园网络安全，发现安全隐患及时处理、上报 3. 发布幼儿园教育教学相关宣传信息 4. 维护计算机、打印机等电子办公设备，保证工作的顺利进行
十二月	1. 发布幼儿园教育教学相关宣传信息 2. 维护计算机、打印机等电子办公设备，保证工作的顺利进行
一月	1. 做好北京市学前教育综合管理系统信息维护工作 2. 做好西城区幼儿信息管理平台信息维护工作
二月	1. 维护幼儿园门户网站，保障网站信息安全 2. 发布幼儿园教育教学相关宣传信息 3. 维护计算机、打印机等电子办公设备，保证工作的顺利进行
三月	1. 维护幼儿园门户网站，保障网站信息安全 2. 发布幼儿园教育教学相关宣传信息 3. 维护计算机、打印机等电子办公设备，保证工作的顺利进行

（续）

时间	工作内容
四月	1. 做好北京市教师管理服务平台信息维护工作 2. 发布幼儿园教育教学相关宣传信息 3. 维护计算机、打印机等电子办公设备，保证工作的顺利进行 4. 做好北京市学前教育综合管理系统信息维护工作
五月	1. 更新门户网站内容 2. 发布幼儿园教育教学相关宣传信息 3. 维护计算机、打印机等电子办公设备，保证工作的顺利进行
六月	1. 做好招生平台信息工作 2. 发布幼儿园教育教学相关宣传信息 3. 维护计算机、打印机等电子办公设备，保证工作的顺利进行
七月	1. 做好招生平台信息工作 2. 维护幼儿园门户网站，保障网站信息安全 3. 发布幼儿园教育教学相关宣传信息 4. 维护计算机、打印机等电子办公设备，保证工作的顺利进行

（七）厨师

时间	工作内容
早餐	1. 早上收货验货，准备幼儿的早餐，按照幼儿出勤人数从库房领取米、面；大米要求淘洗干净（以水清为准） 2. 消毒餐具，每次操作前彻底刷洗蒸饭车里外，洗净所用蒸屉（严格执行"五专"，既专人、专室、专用工具、专用冰箱、专用消毒设备） 3. 按照各班幼儿出勤人数分餐，并按班级将饭摆放在配餐间盖严 4. 开饭期间，巡视班级幼儿进餐情况，及时补充饭量 5. 立即清扫主食间。做到案台洗刷干净；容器、用具刷洗、消毒；工具、容器、用具摆放整齐，每餐消毒，每周彻底大扫除 6. 防蝇、防鼠设施完善，如有破损，立即上报更换。做到每周四彻底消杀一次

（续）

时间	工作内容
加餐	为孩子准备加餐
午餐	1. 加工中午饭原材料 2. 消毒餐具 3. 填写留样记录、食品制作记录、登记台账、消毒记录、紫外线灯记录、晨检记录 4. 开饭期间巡视班级幼儿进餐情况，及时补充饭量 5. 刷碗，立即清扫主食间
晚餐	1. 准备晚餐 2. 按照幼儿出勤人数分餐 3. 开饭期间巡视班级幼儿进餐情况，及时补充饭量 4. 刷碗，立即清扫主食间

附录1：幼儿在园一日常规养成细则

一、入园常规

1. 7：30 开始，幼儿来园。幼儿来园后主动与老师打招呼。

2. 幼儿自己叠衣服。（铺平小衣服，关一扇门，关另一扇门，左抱抱，右抱抱，有帽子的低低头，最后我来弯弯腰）

3. 幼儿双手握衣服两边，衣服开口朝柜里。家长帮助幼儿开柜门，幼儿将衣服的双袖放进柜子。

4. 幼儿主动与家长告别。

5. 幼儿在班门口主动接受老师晨检。

二、洗手常规

1. 洗手前将袖子挽好。

2. 能有秩序地排队洗手。

3. 用六步洗手法洗手。在流动水下，将双手充分淋湿，取适量肥皂均匀涂抹至整个手心、手背、手指和指缝。掌心相对，手指并拢，相互揉搓，手心对手背沿指缝相互揉搓，交换进行。掌心相对，双手交叉沿指缝相互揉搓。弯曲手指，使关节在另一掌心旋转揉搓，交换进行。右手握住左手大拇指旋转揉搓，交换进行。用小手攥住另一只手的手腕，旋转揉搓，最后把手冲干净，在水池边甩三下。

4. 洗手时不玩水、不玩香皂，知道节约用水。

5. 打开毛巾，平摊在一只手上，把手心手背交替擦干净，然后换另一只手擦。

6. 洗手后将两手扣好，等待老师或者小朋友帮助拽袖子。

三、晨间来园漱口常规

1. 幼儿掀开水杯布，按顺序拿水杯，手握水杯把儿。

2. 清水漱口，在嘴里"咕噜"两下再弯腰吐水。

3. 漱口后将水杯放入水杯格，水杯把儿朝外放。

四、擦椅子常规

1. 幼儿从劳动盆里自取一块干净的劳动布擦椅子。

2. 先擦椅子面，再擦椅背，最后擦椅子腿。

3. 擦椅子的时候，幼儿可弯腰、可蹲下。

4. 擦完椅子再用劳动布擦劳动区。

五、搬椅子常规

一手握椅子靠背，一手握椅子面。

六、如厕常规

1. 幼儿到盥洗室安静、有序地如厕。

2. 小便后知道整理好自己的衣裤。

3. 小便后女孩子要擦屁股，知道主动冲厕所。

4. 大小便后要洗手。

5. 小班幼儿有便意时，能主动告诉成人，请老师帮助擦屁股。

6. 中大班幼儿会使用便纸，用正确的方法擦屁股。（右手拿纸，从前往后擦）

七、抹油常规

幼儿用食指沾满手指肚大小的油，点在手背和虎口处，手背对手背，虎口对虎口，最后交叉搓一搓小手腕。

●儿歌《抹油》

取出香香油，手背搓手背，别忘小虎口，小手转一转，手心搓一搓，全身抹香香，还有小手腕，千万不要忘。

八、喝水常规

1. 幼儿自取水杯，有序、排队接水。

2. 小班幼儿接水时，由班上老师协助，并检查幼儿的接水量；中大班幼儿自己接水要接够量（老师要注意检查幼儿的水量），接水时眼睛看着水杯。

3. 接水后，两只手握住水杯坐到自己的位子上喝水。

4. 能身体坐正安静地喝水。

5. 洒水后用桌上小布擦水。

九、进餐常规

（一）取餐

1. 洗完手后，扣手等待取餐，注意保持小手的清洁，不乱摸。

2. 双手拿餐盘取餐，注意安全，取餐时不推不挤，有序取餐，顺序就座。

3. 取餐的同时注意看路，不撒饭。

（二）进餐

1. 取完餐后直接坐在椅子上，手不摸椅子，开始进餐。

2. 安静进餐，不说笑打闹。要添饭时，举手示意老师。

3. 坐姿正确：小脚并齐，身子坐正，小胸脯贴桌子，一手扶碗盘，一手拿筷子（勺子）。

4. 正确使用筷子（勺子），不能大把攥握餐具。筷子要用夹的方式进餐。

5. 早餐时干稀搭配，午餐时饭菜搭配，吃完饭后再添汤。注意肥胖儿要先喝汤。

6. 吃干的时咬着吃，不掰着吃。

7. 如吃煮鸡蛋、鹌鹑蛋等带皮的食物，把皮放在纸上，避免粘在其他食物上导致误食。

8. 中大班吃带骨或带刺的食物，自己把骨头择出来放纸上，小班教师帮忙择好。

9. 吃菜时盘子放在自己面前，喝汤时碗放在自己面前。吃饭和菜时，盘子和碗并排放，方便干稀搭配。

10. 不用筷子时，筷子横放在盘子上。如吃干的、煮鸡蛋、喝牛奶等整个进餐过程都不需要使用筷子时，也要发筷子，放在桌子上，有需要再自取。

11. 把碗里和盘子里的食物吃干净，不挑食、不剩饭。

12. 小班应注意纠正咀嚼方法，咬东西用门牙，嚼东西用后槽牙。

（三）收拾桌面、送碗

1. 用布把桌子上的残渣收碗里，纸包住蛋皮（或骨头）放在碗里，碗放在盘子上，筷子放在碗上，推上小椅子。大拇指扣在筷子上，其余四指并齐拖住盘子，送碗。如果是勺子，一只手握住勺子和碗，一只手握住碗边。

2. 送碗时先放盘子，蹲或弯腰在垃圾桶旁边，用筷子或勺子把垃圾倒进垃圾桶里，把碗里的残渣倒干净，然后放碗，最后送筷子。

3. 可在所有小朋友都吃完饭后，用小扫把把自己脚下地面的食物残渣扫干净。

（四）餐后漱口

1. 拿水杯从饮水桶里接足量的水。

2. 漱口至少漱三口以上，直到把水杯里的水用完。

3. 漱口时弯腰低头，把水吐在水池里，避免弄湿衣服。

4. 双手拿水杯，将水杯送回。

（五）餐后擦嘴

1. 幼儿送碗后，到纸巾盒里抽取一张餐巾纸对折。

2. 擦第一次嘴：幼儿双手捏住纸两侧的边缘，边擦嘴边将纸向中心对折呈正方形。

3. 擦第二次嘴：再边擦边将正方形纸折成小长方形。

4. 擦第三次嘴：再边擦边将小长方形纸对折成小正方形。

5. 最后，将小正方形餐巾纸沿着嘴的周围擦一圈后，扔进垃圾桶。

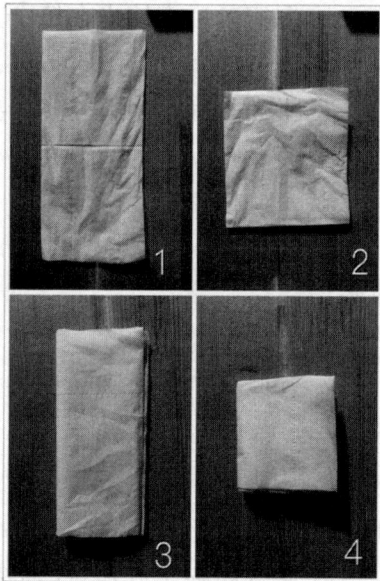

（六）午餐后刷牙

1. 幼儿将牙膏从牙杯中取出，拧下牙膏盖，将盖放在牙杯格中。

2. 从牙杯中取出牙刷，一手握牙刷柄，一手挤牙膏（黄豆粒大小）。

3. 一手握牙杯，一手握牙刷柄走到饮水桶处接一杯水，走进盥洗室，站在水盆前准备刷牙。

4. 清洁前牙：外侧面——上牙从上往下刷，下牙从下往上刷。

5. 清洁后牙：外侧面、内侧面——上牙从上往下刷，下牙从下往上刷。

6. 再次清洁前牙：内侧面——将牙刷竖起来，用牙刷前端轻刷。

7. 再次清洁后牙：咬合面来回刷。（可在教育活动中教会幼儿《刷牙

歌》，掌握具体刷牙方法和步骤）

8. 刷完后，弯腰漱口，将口中泡沫漱干净。

9. 清洗干净牙刷与牙杯，不留残留物。

10. 将牙刷与牙膏正面朝上（牙刷头和牙膏盖）放入牙杯中，将牙杯放到自己的水杯格中。（冬季手背抹油）

（七）餐后散步

午饭后，轻步慢走一段时间后准备午睡。

十、区域游戏结束、分享常规

1. 幼儿听到区域游戏结束音乐后能暂停游戏。

2. 幼儿清楚每一个活动区的规则，能按照各个活动区的要求整齐收放玩具。

3. 幼儿愿意主动将自己的作品进行展示并向他人做介绍。

4. 幼儿懂得爱惜并保护好自己和他人的游戏作品。

5. 区域游戏分享的时候能够倾听同伴表达，并愿意表达自己的想法。能够接受并听取同伴的建议和意见。

6. 保持良好的身体姿势。

十一、外出活动常规

（一）整理衣服

1. 塞衣服。幼儿将最里面的小衣服弄平整，然后用小裤子一点点压住上衣，前面压好后压后面，接着用小手摸一圈，看看小肚子是否露在外面。

中大班：幼儿自己摸一圈，检查衣服是否都塞好，然后教师再帮助幼儿检查。小班：自己尝试将前面的衣服塞好，动手能力强些的幼儿把衣服后面塞好，最后教师统一帮助整理。

● 儿歌《塞衣服》

卷啊卷啊卷白菜啊，（将上衣向上卷至脖子下）

拨啊拨啊拨白菜啊，（将罩裤卷至屁股下）

装啊装啊装饺子馅，（将秋衣塞到秋裤里）

捏啊捏啊捏饺子皮，（将罩裤提好）

盖啊盖啊盖锅盖啊。（将上衣放下来）

2.穿衣服。幼儿自己从小柜子里拿出衣服后，关上小柜门，把衣服拿到班里来穿。把衣服平铺在小桌子上，背对着小桌子站好，张开两个小胳膊，找找两个小袖子伸进去，小衣服就穿到自己的身上了。

中大班：幼儿自己整理衣服，并自己将拉锁或扣子拉上或扣好。

小班：幼儿尝试穿好衣服，教师帮助幼儿整理，拉好拉锁，扣上扣子。

●儿歌《冬天穿外套游戏》

来，我们和小衣服一起做发射火箭的游戏吧！

把火箭准备好，（先让衣服躺在桌子上，注意领子要冲着小肚子）

两只小手点火药，（两只手拽着里面衣服袖口）

炮弹上炮筒，（两只手攥好袖口向两只袖子里伸）

炮弹准备好了！（胳膊伸进袖子里）

一二三，发射！（头从衣服里面钻过去）

发射成功了！（衣服穿好了）

（二）上下楼梯

（1）中大班幼儿上下楼梯靠右走，按照顺序上下楼。

（2）小班幼儿上楼的时候踩着粉色的小脚丫，下楼梯的时候踩着黄色的小脚丫。一个跟着一个走，小手扶着扶手，眼睛看前面的小朋友，排成一列小火车。

（3）如果有幼儿发生突发情况（如鞋掉了，鞋带开了），小班幼儿需要配班老师帮助在一旁完成，中大班幼儿自己主动出队站在一旁整理好，其他幼儿跟上前继续下楼。

●儿歌《上下楼梯》

上下楼梯不推挤，一个一个跟得齐。

手扶栏杆慢慢走，一阶一阶走上去。

下来还是靠右边，一个一个有顺序。

保证安全是第一，一定一定要牢记。

（三）户外玩具收放

活动结束后，能够自觉主动地将玩具送回去，并摆放在原来的位置上。小班幼儿使用完三轮车、小推车和小木马后，将玩具送回摆好再来找老师。中大班的安吉积木，幼儿每天按照游戏时间表进行游戏，下午玩积木的班级负责收，并罩上罩子。班户外玩具：小车放到车棚里；轮胎放到架子上；各班收自己班的户外玩具，统一放到架子上或班中。

● 儿歌《收玩具》

收玩具，收玩具，轻轻地放在袋子里面，大家不要弄坏它。

快点快点捡玩具，快点快点捡玩具。

收呀收呀收玩具，轻轻地放在玩具柜里，大家不要争抢它。

快点快点收玩具，快点快点收玩具。

十二、午睡常规

1. 脱衣服之前先小便。

2. 小班老师帮忙脱衣服，自主尝试叠衣服。中大班幼儿自主穿脱衣服。

3. 幼儿脱衣服的顺序：裤子，上衣，袜子。

4. 幼儿穿衣服的顺序：上衣，裤子，袜子。

5. 幼儿脱衣服后，找合适的位置把衣服叠平整，如幼儿坐椅子上，在腿上叠衣服；幼儿蹲在椅子前方，在椅子上叠衣服。衣服叠好后放在椅子面上。

6. 袜子脱下来挂在椅子横梁上。

7. 安静上床，幼儿自主把鞋摆放整齐。

8. 幼儿在床上躺舒服，头枕枕头闭眼，安静入睡。中大班幼儿自主按顺序脱衣服（先下后上），将叠好的衣服平放在椅子上，安静入睡。入睡时不蒙头、不吃手。

9. 幼儿穿脱衣服时知道脚不踩地。

十三、起床常规

1. 小班幼儿14:30分起床；中大班幼儿14:00起床。

2. 起床后主动小便，不尿床。

3. 自主尝试穿衣服，遇到困难可向老师或同伴求助。

4. 起床时保持安静不聊天，不站在床上。

5. 中大班幼儿起床后按顺序如厕。便后主动冲水，穿衣后（先上后下）将衣服整理好，尝试与同伴叠被褥。准备喝水、洗手、吃午点。

十四、吃午点常规

1. 洗手后（六步洗手法）喝水。

2. 有序拿午点盘和午点，不争抢、不挑拣。

3. 双手端午点盘，轻轻走到座位处，坐在椅子上安静地吃午点。

4. 吃完午点，将盘子里的水果核和果皮倒进垃圾桶。把盘子清洗干净，将盘子放到分餐桌摆整齐。摘下毛巾把手擦干（冬季手背抹油）。

十五、幼儿离园常规

（一）小班幼儿

1. 餐后尝试自己整理衣服，塞裤子，个别幼儿找老师帮忙，整理好后请老师检查。

2. 整理好衣服抹油（冬季）。

3. 坐好等待离园。（时间充裕可以玩会手头玩具）

4. 家长接走后不在园里停留，不在楼道里玩公共玩具，穿好衣服后立即与家长一起离园。

（二）中大班幼儿

1. 餐后整理自己的衣服，塞裤子，整理好后请老师检查。

2. 整理好衣服抹油（冬季）。

3. 收拾整理自己柜子里的物品。（不用的物品放学时都拿回家，清空自己的柜子）

4. 坐好等待离园。（时间充裕可以玩会手头玩具）

5. 家长接走后不在园里停留，不在楼道里玩公共玩具，穿好衣服后立即与家长一起离园。

十六、值日生常规

1. 值日生自主选择自己的工作。可以在前一天晚离园前选择第二天的值日任务，或者当天早晨放置值日生卡。

2. 值日当天，值日生早晨 7:30～7:40 准时入园，不迟到。

3. 配班老师擦完第二遍桌子后，值日生开始做准备工作。

①先洗手再穿围裙。

②穿好围裙后，值日生扣手，等待餐具。

4. 幼儿开餐不自取餐时：

①发碗：每次最多拿取四个碗。

②一个长条桌：将两个碗摆在一起；两个长条桌对齐：将四个碗摆成一摞。

③将碗放置在桌子中间。

④拿碗时碗不能贴身，不要碰到围裙。

⑤发盘：每次一摞，数量适当，双手能拿住为宜。

⑥将盘子摞在一起，与碗一起放在桌子中间。

⑦盘子不能贴身，不能触碰到围裙。

⑧发筷子：值日生双手拿筷子盒，站在长条桌中间，手拿筷子的大头部分，将筷子放置到桌面，在幼儿进餐位置的右侧，筷子的尖头朝外，大头顶在桌沿。依次发筷子。值日生不挑筷子，分发时注意筷子的长短、配对。

⑨若筷子掉落，将掉落的筷子放置到分餐桌上；若筷子掉落很多，将掉落的筷子放置到分餐桌上，并及时告知配班老师，做到及时清洗消毒，避免耽误进餐。

⑩筷子发完后，将筷子放置到分餐桌（或餐车）上，将盒中富余的干净筷子放在筷子盒中盖上，注意筷子的方向，尖头朝外。

5. 摆椅子。摆椅子的幼儿跟随发放筷子的幼儿，共同进行。当发筷子的值日生发完一双筷子后，摆椅子的值日生调整椅子的位置。椅子的摆放需要做到椅子腿紧贴桌子腿，桌子与椅子保留一定的距离。

6. 幼儿开餐自取餐时，早饭值日生不用发盘子，午饭值日生不用发碗。

7. 为小朋友服务的幼儿站在盥洗室门的一侧，轻声提醒洗手的小朋友撸袖子，或者帮助小朋友撸好袖子，提醒同伴按照六步洗手法洗手。当小朋友洗完手时，双手帮忙放袖子，并以手势邀请小朋友回到座位进餐。服务时不依靠门框。

8. 值日生做完值日后，将围裙摘下，在消过毒的分餐桌上叠好，放回围裙筐中。

9. 放回围裙后，值日生直接进餐。

十七、手绢的使用

1. 请家长为幼儿带手绢，并使用安全别针别在衣服上，或者装在口袋里。（小班建议缝个扣子，扣毛巾比较安全）

2. 夏天户外活动流汗的时候可以拿起来擦一擦。

● 儿歌《小手绢》

小手绢，四方方，

对折折一次，变成枕头躺一躺；

对折折两次，变成饼干脆又香；

对折折三次，变成长条口香糖；

对折折四次，变成方糖口袋装。

天天带在我身上，又擦鼻涕又擦汗，干干净净真好看。

附录 2：园长、业务干部进班观察与指导

一、园长、业务干部进班要求

（一）进班时间要求

日常进班观察和指导工作是业务管理者的基本功之一，也是确保园所质量的基本工作之一。因此，业务管理者一定要高度重视这项工作的落实，确保日常观察和指导的时间（园长每周不少于 6 小时；业务园长每周不少于 16 小时；保教主任每周不少于 20 小时）、数量和质量。

（二）进班时段要求

1. 晨间入园。了解当日教师到岗情况、班级接待幼儿的各项准备工作、有无突发事件、幼儿入园情绪。这个时间段，业务干部要在全园巡视的基础上，再对某一个重点班级进行观察。

2. 进餐环节。了解当日主配班情况、幼儿常规养成情况、卫生消毒工作落实情况、早（中晚）餐配备情况，幼儿进餐情况等。

3. 区域游戏环节（上下午）。早餐后的过渡环节、幼儿区域游戏情况、师幼互动情况、教师教育理念反映、班级区域、材料配备情况等。

4. 学与教环节。教师开展教学活动的准备情况、开展情况、活动中师幼互动情况等。

5. 户外活动环节。户外活动的时间、体育游戏的强度、密度、幼儿参与游戏情况、教师与幼儿的互动、教师对幼儿的安全护理等。

6. 午睡环节。幼儿入睡质量、值班教师情况等。

7. 午睡起床环节。幼儿生活自理能力的养成、教师的护理情况等。

（三）进班时段的注意事项

1. 针对这些环节，业务管理者可以有计划、有侧重点地进行检查和落实。但是晨间入园、区域活动、学与教环节、户外活动为每天必须观察的内容。

2. 有些常规性的要求或是园所规章制度的检查可以自然渗透在这几个环

节中，例如教师的仪容仪表、教师的师德、家长工作的开展等。

二、日常进班观察和指导的主要内容

日常进班观察和指导的目标应依据园所近期的保教工作计划中的要求具体落实。因此，业务管理者在日常进班检查与指导工作时，一定要在明确园所整体计划的前提下，实施具体的观察和指导。根据我们的管理经验，日常观察和指导包括以下内容。

（一）环境

1. 物质环境。

（1）业务管理者在进班观察和指导时要了解的物质环境指的是在幼儿园内影响幼儿身心发展的物化形态的教育条件。

（2）构成要素：包括园舍建筑、设施设备、活动场地、教学器材、玩具学具、图书声像资料、环境布置、空间布置以及绿化等有形的东西。

（3）幼儿园物质环境的结构：

●从范围来看：园区环境、教室环境、区角环境。

●从三维空间来看：地面环境、墙面环境、空中环境。

●从性质来看：自然环境、人工环境。

业务管理者进班对物质环境的指导，主要指导班级与幼儿密切相关的互动环境。如互动墙饰、挂饰是否符合幼儿的年龄特点，能否反映幼儿的兴趣需要，能否反映幼儿的探索学习、思考等过程的痕迹，能否让幼儿获得相关经验；区域游戏材料看是否符合幼儿的年龄特点，能否激发幼儿的兴趣需要，能否给幼儿提供充分探索尝试的条件，是否丰富有层次，能否满足不同水平幼儿的发展需要，是否关注了个体差异等；家园共育专栏是否具有平等性、互动性，是否能够满足家长需要，为家长服务，有助于家长理解幼儿和班级工作等。

2. 精神环境。

（1）概念：幼儿园精神环境是指幼儿园的心理氛围，它是一种重要的潜在课程。对于好模仿的幼儿来说，精神环境对于幼儿是一种潜移默化的影响，成人的各种行为都会成为幼儿模仿的对象。

（2）构成要素：幼儿园在一定时期内形成的大众心理、幼儿园文化、幼儿园的人际关系。可以说幼儿园精神环境包括了师幼关系、同伴关系、与其他保教人员的关系、与环境的关系等影响幼儿精神状态、情绪的一切因素。

业务管理者进班观察指导的精神环境主要涉及班级保教人员之间、师幼之间、幼儿同伴之间、家园之间的精神环境。看保教人员自身修养和工作责任心，保教人员的相互配合和支持、平等互助、互相包容的关系；教师与幼儿之间以及幼儿同伴之间的关系是否是自然、平等、民主、互相尊重，有问题是否能够互相协商解决等；家园工作目标是否一致；班级与家长的关系是否是互相尊重、平等、互相支持的，等等。

在业务管理者进班观察和指导的过程中，无论是面对园所的物质环境还是精神环境，都要关注以下几个方面的情况：环境与教育目标的一致性、发展适宜性、幼儿参与性、环境开放性、环境中的经济性、师幼的精神环境、环境的卫生性、安全性、丰富性等。

（二）幼儿发展

1. 生活卫生习惯的养成。包括观察和了解班级幼儿常规现状，幼儿知道什么时候做什么事情，怎么做事情，有什么要求和规则，能够养成良好的生活卫生习惯。比如饭前便后要洗手；饭后要擦桌子、收椅子；玩完玩具要收放好等。

2. 智力及社会适应能力。包括幼儿整体发展的现状与发展目标之间的关系，幼儿的社会交往能力等。幼儿在幼儿园是否情绪安定、愉快；是否有良好的常规和习惯；是否愿意参加各种活动，敢于表达自己的需要，与老师小朋友交往关系如何；能否主动学习，愿意动手探究尝试、解决问题等。

（三）科学合理的一日活动

"幼儿园一日生活是指幼儿园每天进行的所有教育活动，它包括日常生活和其他活动，发挥一日生活整体教育功能就是充分认识和利用一日生活各个环节的教育价值，通过合理组织、科学安排、将之有机地融合为一个整体，让幼儿在自然的生活中身心健康地发展，这是幼儿园教育的一大特点。"

怎么做就叫科学合理了呢？一是活动安排符合幼儿身心发展特点。比如，幼儿的身心发展尚不成熟，身体耐受性弱，注意力保持时间短、容易转移等，所以幼儿集体活动时间不宜过长，某个身体动作的锻炼要量力而行，有张有弛；要动静交替，户内户外交替进行。像上完体育活动又连续进行户外活动就不太适宜。二是活动之间有机结合，让各个环节和活动时间流动起来，不宜完全割裂。比如区域活动中，幼儿在游戏过程中有了新发现、新问题，需要和老师、同伴进行分享、交流，后面的分享就可以自然地和集体活动、小组活动融合，顺应幼儿的需要，及时调整为幼儿需要的学习内容，满足幼儿的发展需要；而幼儿生活环节的设置本身就有幼儿大量的学习内容，所以，当幼儿在生活环节有些内容需要学习时，就可以适当延长生活环节的时间，给幼儿创造主动学习的条件，把生活环节和集体活动自然融合起来。

特别需要注意的是，无论一日活动如何根据幼儿的需要灵活安排，上下午各一个小时的户外活动时间是不容改变的，这是业务管理者必须要牢记并督促教师遵守的制度，因为幼儿的安全和身体健康是幼儿发展的前提，没有幼儿的安全和健康，其他一切目的都无法实现。

1. 区域游戏。区域游戏是幼儿一种重要的自主活动形式，可满足幼儿活动和游戏的需要。区域游戏充分体现了幼儿身心发展的特点，能更好地促进幼儿自然、自由、快乐、健康、富有个性地成长，实现"玩中学""做中学"。在区域游戏中，幼儿参与的积极性高，能积极动脑、大胆创作，能有效支持幼儿借助游戏这样类同于社会氛围的活动来解决需要与现实矛盾，以达到对现实生活的体验和感悟，消除紧张，满足好奇心，获得自主发展。

正因为区域游戏在幼儿成长中存在的独特价值，业务干部尤其要加强对区域游戏的关注和管理。

（1）观察时间。常规区域游戏时间为 30～50 分钟。但是随着人们对游戏在幼儿发展中的高度重视，有的幼儿园将区域游戏时间适当延长。管理者要想了解区域游戏情况，就需要在这个时间段进入到班级中。

（2）观察内容和要点。

观察内容	观察要点
看区域设置	1. 班级基本区角设置是否齐全，以确保幼儿在日常区域中全面发展。语言区、建筑区、美工区、益智区、科学区、自然角、角色区、表演区为基本区域设置 2. 班级中是否有特色区角，满足不同个性幼儿的需求。例如戏剧表演角、私密角、创新游戏角等
看区域环境	1. 各区角所占的空间大小是否合适，以四人为例，建筑区应占 6 平方米 2. 是否有支持幼儿自主游戏、持久游戏的功能墙饰，并真正对幼儿起到支持和游戏互动的作用 3. 各区角之间位置安排的是否适宜，是否有利于幼儿的健康和游戏。例如美工区尽量安排在近水的地方；语言区的设置要注意光线，保护幼儿的视力等

（续）

观察内容	观察要点
看区域材料	1. 区域材料满足基本玩教具配备要求（可参照《幼儿园玩教具配备》一书的相关要求） 2. 在基本配备的基础上，依据本地区本园的情况，适当增加，确保区域材料充足。每个区域的材料应至少满足4～5名幼儿游戏的需求 3. 区域材料符合本年龄段幼儿发展水平。作为管理者，进班的时候一定要把握好各年龄段幼儿的发展水平，帮助班级教师把握好游戏材料的适宜性。如不适宜，应和教师一起研究调整材料 4. 高结构材料、低结构材料在区域材料中所占比例。管理者可以通过这一比例了解到教师是否关注幼儿的自主游戏和对不同区域的特点是否清晰
看是否体现区域核心价值	不同区域对幼儿的发展有着不同的价值和作用。管理者在进班的时候，要观察和了解班级各区域是否能够体现本区域的核心价值。例如，美工区无论是材料还是环境创设、布置等都能够支持幼儿大胆地表达表现和创造。科学区的材料能支持幼儿在游戏中操作、体验，获得相关的感受和发现
看区域中的幼儿	1. 幼儿在区域游戏中的情绪。管理者进入到班级中观察幼儿在游戏中心情是否愉快 2. 幼儿的游戏状态和学习品质。管理者要观察幼儿的游戏状态是投入的，专注的还是游离不定的；幼儿在游戏过程中是否能够坚持自己的游戏等
看区域中的幼儿	3. 幼儿是否能够自主选择喜欢的游戏。中大班的幼儿能否按照自己的需要制订游戏计划 4. 观察幼儿在游戏中的行为表现与区域材料之间的关系。指导班级教师根据管理者观察到的信息分析班级材料并适当调整，支持幼儿自主游戏中的发展需求
看区域中的教师	1. 班级教师在幼儿区域游戏时是否能够作为陪伴者，给予幼儿自主游戏的空间，不断挑战自我的时间 2. 观察班级教师是否能够作为观察者，适时地了解本班每个孩子的游戏情况 3. 观察班级教师是否能够作为支持者，在幼儿游戏中适时介入，形成有益的师幼互动，支持幼儿深入游戏

（续）

观察内容	观察要点
看区域师幼互动	1. 观察区域游戏时，师幼互动是否和谐、平等。是教师主导互动，还是能够给予幼儿思考的空间 2. 观察师幼互动时，教师是否能够关注到幼儿的心理变化，尊重幼儿，满足幼儿的心理需求 3. 观察师幼互动后，幼儿的情绪和行为，以确定师幼互动的有效性

2. 生活环节。生活环节指的是幼儿入园、喝水、盥洗、如厕、进餐、午睡、午点、离园等环节的活动。幼儿的身心是一个整体，身体发展与心理发展相互联系、相互促进。因此，成人不应只看到生活环节的保育价值，而应充分认识生活活动对促进幼儿体智德美全面发展的重要作用。

从幼儿的角度来说，生活环节能给幼儿提供一个释放心理能量的空间，它有利于幼儿自主自律能力和健康人格的形成；从教师的角度来说，有利于教师进行现场思考和活动调整。因此，我们应将"生活环节"作为一种独特的教育资源加以充分利用，幼儿在生活活动中学习相关的知识，掌握基本的技能，在学习知识、发展动手能力的同时，也发展注意力、观察力、记忆力、思维和表达能力。

作为业务管理者，进班观察和指导班级生活环节的时候，需要注意以下方面。

（1）观察时间。随时观察了解入园、喝水、盥洗、如厕、进餐、午睡、午点、离园等生活环节的情况。

（2）观察内容和要点。

观察内容	观察要点
看教师"生活即教育"的教育观	教育家陶行知老先生说过"生活即教育"，管理者在进班观察指导的时候，首先要关注班级教师是否具备这样的教育观念。能够重视生活环节，关注幼儿在生活中的表现，能够捕捉生活契机开展适宜的养成教育

（续）

观察内容	观察要点
看生活环节的科学合理	幼儿一日生活环节安排的是否科学合理是管理者进班观察的重点，这直接影响着幼儿的身体健康。例如，班级教师是否能够保证两餐之间的时间在三小时以上；幼儿进餐时间至少在 15 分钟以上；幼儿活动是否动静交替；教师是否能够根据季节、天气变化适当调整幼儿的衣物或活动时间；两次集中喝水的时间间隔至少应在一个小时以上，等等
看生活环节中的年龄特点把握	不同年龄段幼儿在生活环节上的侧重点是不同的。管理者在进班的时候要注意观察班级教师对幼儿在生活环节上年龄特点的把握是否准确。例如，小班幼儿在生活护理上较之中大班幼儿要多一些，细致一些。中大班幼儿更注重在生活护理过程中对幼儿自理能力的培养
看生活环节中"养成教育"的环境氛围	管理者进入班级后，要观察和了解班级教师除了日常有意识地培养幼儿的生活自理能力之外，在班级环境中是否也为幼儿的生活能力培养提供和创设自我学习的支持。例如，小班可以设置生活区，或是在娃娃家提供相应材料，帮助幼儿在游戏中提高生活能力；在盥洗室提供擦手、洗手、如厕的图片，引导幼儿自主学习并获得这些生活能力；提供折叠衣服的流程图等帮助幼儿边看图边自主掌握生活技巧，等等
看生活环节中的常规养成情况	管理者在进班观察指导的时候，要了解不同生活环节的常规养成侧重点，了解幼儿常规养成的现状，和班级教师一起讨论适宜的调整策略 例如，入园环节注重的是幼儿能够自主完成洗手、漱口，中大班注重幼儿擦拭自己的椅子和卫生区，礼貌养成等；洗手环节则注重幼儿是否能够按照六步洗手法认真洗手；午睡环节注重幼儿是否能够按照正确的脱衣、穿衣顺序穿脱衣服，能否安静午睡等
看生活环节中幼儿的情绪状态	幼儿的情绪状态是教师需要特别关注的。管理者在进班的时候一是要注意班级幼儿当天的情绪状态，及时了解情况；二是要注意班级教师是否关注到了班级幼儿的情绪状态，能够及时回应幼儿

3. 集体和小组活动。幼儿园的集体教学活动是幼儿一日活动中非常重要的一个环节，是教师每天必须要精心设计准备的活动，是有目的、有计划地组织全体幼儿进行有效学习的活动。目前幼儿园一般采用集体、小组的方式开展学与教活动。业务管理者在进班观察和指导的时候，要注意观察和了解教师在集体教学活动中是否采取有效的、适合幼儿年龄特点和身心发展的，能激起幼儿兴趣的教学方法来达到预期的目标，促进幼儿的发展。管理者在这个环节要注意以下几方面。

(1) 观察时间。幼儿园集体和小组的学与教活动一般有比较固定的时间。小班的时间为5～10分钟，中班为20～25分钟，大班为25～30分钟。管理者可以在班级活动开展前就进入到班级中，提前了解班级即将开展的集体活动安排，之后再进行详细的听评课。

(2) 看教学活动计划的文本。教学活动计划是开展好活动的前提。业务管理者进班听课之前，一定要了解教师的计划文本。主要了解以下几点：是否制订了当天的教学活动计划；教学计划是否完整。有活动来源、目标、准备（经验、材料），有学情分析、活动重难点、活动过程、活动延伸。除此之外，还要具体了解计划中的目标制订是否适宜；活动重难点是否是在分析幼儿原有经验的基础上确立的；活动过程中采用的策略是否能够支持幼儿解决重难点，实现目标等。

(3) 观察了解教学活动的准备。管理者在进班过程中要了解教师是否为实现教学目标准备了相应的物质材料；了解教学材料的数量是否满足集体或是小组活动的需求。更要了解教师是否在活动前对幼儿的原有学习经验有所了解和分析。

(4) 观察活动过程中的师幼互动。师幼互动是业务管理者在教学活动中关注的重点。因为师幼互动的质量决定着活动开展的质量，决定了幼儿自主学习的空间和结果。

①倾听并记录教师提问。互动问题和幼儿经验是否匹配。提问能不能促进幼儿的发展，取决于教师所提问题与幼儿发展水平的相差度。不符合幼儿发展水平的问题，很难形成真正意义上的互动。

活动中封闭性问题、开放性问题所占比例。封闭性问题不能引发深层次的思维碰撞。对这一类问题，幼儿只需要简单地判断、回忆就可以完成整个教学，孩子的主体地位被忽视。

提问后教师等待的时间。教师在活动中，是否过多地关注活动目标的实现，关注活动组织的进展，忽视对幼儿的有效回应。如教师提出问题后急于帮助或者替孩子得出答案，没有给幼儿充分的思考时间。对于讨论性的问题，每个孩子都会有不同的答案，而教师往往只回应自己想要的答案，而忽略其他幼儿的回应。

②关注师幼互动中的教师策略。在学与教环节，业务管理者要关注教师是否能够从正确的儿童观、教育观出发，将关注点从自身教育活动转变到幼儿的行为变化上来。要读懂幼儿、关注幼儿、给予幼儿温暖愉快的情感回应。因此，在师幼互动中要了解教师是否能够根据幼儿认知发展水平设计适合的互动。正确认识幼儿的发展水平，是保证有效师幼互动的前提。教师要充分考虑到幼儿的认知发展水平和实际生活经验，理解和预想到幼儿可能出现的行为，注重幼儿的个体差异，设计适合的互动问题。

是否能够关注幼儿，采用合适的回应策略。活动组织的过程中，教师应该更多地关注幼儿的反应，要学会从幼儿的回答中了解其实际发展水平，并从中反思自己的教育行为，灵活调整教育策略。当幼儿在活动中出现了更有价值的关注点，教师更应该予以鼓励，并及时调整互动策略。

是否能够给予幼儿温暖的情感回应。幼儿都会喜欢面带笑容、和善、有耐心、喜欢自己的老师。感受被爱、被关注、被尊重、被支持的积极情感能够使幼儿产生信赖和安全感，能够产生积极有效的互动效果。因此管理者要观察教师是否具有一颗童心，善于发现幼儿的兴趣，善于体悟幼儿鲜活的情感和需要。能够赏识幼儿的主动互动行为，以平和和正向的态度对待幼儿，营造民主、和谐、轻松、自由的互动环境。

（5）观察活动过程中的幼儿。学与教活动中，业务管理者要注重观察活动过程中的幼儿。主要包括三方面内容：一是幼儿的情绪状态。在幼儿园教育活动目标中较多地使用了"体验、感受、喜欢、乐意"等词汇，突出了情感、兴趣、态度、个性等方面的价值取向，着眼于培养幼儿终身学习的基础和动力。所以，教师应该把幼儿在活动中是否获得快乐的情感体验放在首要位置。一节成功的集体教学活动，应是以幼儿能在活动中获得快乐的情感体验、激发幼儿的学习兴趣和幼儿主动探究的欲望为主要目标。二是要关注全体幼儿在活动中的状态，而不是个别幼儿的状态。三是观察幼儿在活动中的参与程度。通过幼儿的参与程度，管理者可以了解活动是否是大部分幼儿需要的，策略是否适合幼儿等。四是观察幼儿在活动中的自主学习情况。活动中幼儿有充足的自主学习探索空间，幼儿能够充分表达自己的想法。五是幼儿教育活动常规秩序的建立情况。每个幼儿都是探究学习的主人，教师应创设宽松的活动氛围，支持、鼓励幼儿按照自己的想法大胆尝试，积极主动地参与活动，在活动中去体验、感悟，使他们在探索的过程中获得直接的情感体验，重建认知结构。但在教学活动中主张幼儿的自主探索和体验，并不意味着活动的随意性。在教学活动中也要注重培养和形成幼儿的规则意识，养成良好的行为习惯。从这个意义上讲，自主性和规则性不是矛盾的，而是统一的。

（6）观察活动后的延伸。为了保持教学活动的完整性、连贯性，更好地保证幼儿学习的完整性、连贯性，在活动开展最后一部分是延伸活动。在当前教师现状中，因为延伸活动不直接体现在集体教学中，许多教师便只把它当成摆设，或者在计划中写得很随意，或不明白为什么要有延伸部分，怎样设计延伸部分。

虽然在幼儿园的教育教学中，我们不强调教授系统的知识和技能，但强调幼儿发展的整合性、延续性，强调培养完整的儿童。从这个角度来讲，幼儿园教育教学是一个整体，一日活动的各个部分应相互联系，更好地把活动和后续活动连接起来。作为管理者，在看完学与教活动后，一定要关注活动的延伸。业务管理者可以从三方面了解活动延伸情况。

一是了解是否延伸到下一个活动，使半日活动或者一日活动成为一个有机联系的整体。

二是了解是否可以延伸到区域活动中去，使区域活动成为教学活动的自然延伸。

三是了解是否延伸到家庭和社会活动中，真正实现幼儿园与家庭、社会的密切配合。

当然，这三种延伸并不是都要具备，适不适宜延伸活动，适宜延伸哪些活动最终还是要在幼儿的兴趣和需求上确定。

（7）观察教学计划与具体实施的情况。教师制订计划后，因为幼儿兴趣或是需求的改变，可能会产生新的内容。因此业务管理者一定要观察教学计划和具体实施的情况。在这个环节中，管理者需要注意三方面。

一是预设和生成的关系。业务管理者要关注教师是否能够在预设教学的基础上，关注幼儿的学习情况，适时改变自己的教学思路，不拘泥于活动的预设，捕捉各种偶然、突发的学习动机，使教学活动产生超出预设的效应，推动教学活动的动态开展。当然，最重要的是，如果教师的计划发生变化，教师是否能够清晰地表达自己的教育思考，这是业务管理者区分教师随意更改活动计划和有意识满足幼儿需求调整活动计划的关键。另外，预设和生成是交错进行、不可分割的，它们可以相互转化。生成的课题可以安排成预设活动，预设的活动也可以留有生成的空间。

二是教师是否能够在实施过程中注重五大领域教学内容的自然整合。《3～6岁儿童学习与发展指南》中指出："儿童的发展是一个整体，要注重领域之间、目标之间的相互渗透和整合，促进幼儿身心全面协调发展，而不应片面追求某一方面或几方面的发展。"这就要求我们在指导教师开展教学活动时，既要充分体现五大领域中各自的目标，又要将其进行有效整合，共同完成促进幼儿健康成长的目标。

三是过程和结果的关系。教学活动过程重在体验、发现、探索和分享，管理者要观察教师是否能正确处理好过程和结果的关系，使每个孩子都有展现、分享的机会。

4. 户外活动。户外体育活动是幼儿园落实《幼儿园教育指导纲要》《3～6岁儿童学习与发展指南》健康教育目标与发展幼儿的身体多种能力的主要途径之一。业务管理者每日对户外体育活动观察指导的目的是了解户外体育活动的适宜性、有效性，调整和改进工作，促进每一名幼儿健康发展，是提高户外活动质量的必要手段。业务管理者户外活动观察指导要做到七观察，即观察时间、观察环境、观察幼儿、观察教师、观察活动内容、观察安全、观察保健护理，针对观察到的实际情况采用多种方式对教师进行指导，提高教师开展活动的能力，提高幼儿园户外活动的质量。

（1）观察时间。观察教师是否落实市教委对幼儿健康提出的基本保障措施所规定的幼儿户外活动时间，保证上下午各1小时。业务干部要第一时间来到户外，以保证幼儿户外时间的充足。

（2）观察环境。主要包括精神环境是否宽松，有利于幼儿主动积极参与锻炼；场地空间的设置、活动规则的制订、材料的投放。

户外活动空间结构是否合理。业务管理者应仔细观察和分析幼儿园户外活动空间的特点与所设置区域的特点是否协调，整体环境安排是否有序、科学、合理。教师注重利用现有的树木、草地、沙地等自然物，依据幼儿的年龄特点及游戏内容设置具有情境的游戏环境。像小班的羊羊村，大班的拓展小勇士营等情境可以吸引幼儿游戏，达到更好的锻炼目的。环境中各个活动区域是否用形象的画面、符号、照片表达明确的规则要求，以保证幼儿游戏安全，发展幼儿多种动作和身体协调能力。

活动区域材料的投放是否能体现发展目标，具有趣味性和层次性，能让幼儿自主操作和探索。观察幼儿对材料的态度、使用材料的方法、与材料互动的情况、能否满足幼儿发展的需求。

（3）观察活动过程。观察教师能否科学合理地组织户外活动。在活动内容和活动量、内容的安排上符合幼儿的年龄特点、身心发育水平，活动量、运动强度安排也要科学合理，同时注意动静交替，以免幼儿运动量不够或过度而影响健康。组织什么样的内容要与幼儿的年龄、季节、天气等因素相互结合，组织方式一定要开放、自主。集体游戏中要有幼儿自主探索、学习机会；分散活动中幼儿可以根据自己的兴趣、需要在各个开放的区域中游戏。教师组织的活动如果不适宜，可以及时给予提示并进行调整，如寒冷刮风天气适宜开展让幼儿充分跑、跳等运动量大一些的活动，不适宜组织幼儿玩站着时间较长的活动；雪后地面比较湿滑，适宜走，不适宜组织幼儿玩跳的活动，以免幼儿滑倒；天气炎热，适宜一些运动量小或者在阴凉地方开展的活动等。

（4）观察幼儿。幼儿是游戏的主体，户外活动应给予幼儿充分自由选择的机会，业务管理者在观察指导时，关注幼儿的行为与表现，敏锐地察觉他们的需要，并从兴趣、动作发展、规则遵守等几个要素来观察幼儿的行为，观察时不能离开具体情景，观察后进行分析，归结原因，逐步改善教师的教育行为。

①幼儿参与活动的兴趣，对活动是否充满热情，在同一个活动区中持续时间的长短，可以用表格的方式进行观察记录。观察记录后与教师共同分析他们感兴趣和不感兴趣的原因，指导教师采取措施进行调整，促使幼儿对游戏感兴趣，提高幼儿游戏水平，达到发展体能的目的。随后追踪调整措施后幼儿行为的转变，以了解措施的有效性。

幼儿表现	分析原因	调整措施	效果
幼儿游戏兴趣低，5～10分钟后离开	1. 游戏内容由教师安排，幼儿的参与度低 2. 游戏活动缺乏趣味性，注重技能训练 3. 游戏活动缺乏挑战性，玩的时间长，重复次数多 4. 游戏活动缺乏成功感，注重精准度	1. 增加幼儿的参与度，让幼儿成为游戏的小主人 2. 开展有故事情节、有角色的游戏吸引幼儿 3. 定期更换游戏活动，更新材料，增加层次难度，富有挑战 4. 降低游戏的精准度，降低要求，增加幼儿游戏的成功感	

②幼儿参与活动的程度及与其他幼儿的互动。幼儿多数是一直在活动还是站在一旁观看，是多数在单独游戏还是与伙伴合作游戏，合作的程度，需要管理者及时做出判断，与教师进行沟通指导，引导幼儿尽快主动合作游戏。

③幼儿动作发展水平。多数幼儿在参与同一个区域游戏时，动作是否协调灵活，是否在情境游戏中通过不同任务来发展自身的平衡、速度、力量、柔韧性等身体素质，完成区域的活动目标。

④幼儿活动中的非智力品质。幼儿在活动时是否可以遵守游戏规则，能谦让、勇敢、坚持锻炼。

⑤幼儿个性能力差异性观察。幼儿之间是有差异的，观察时一定要关注到具有个性和能力差异的幼儿。胆小、内向、易兴奋、能力弱、能力强的幼儿都应该重点观察他们的不同表现，针对不同特点的幼儿，指导教师采取不同的互动方式和策略。面对胆小内向，能力弱的幼儿，多用鼓励和与他们一起游戏的方式，克服心理上的顾虑，给予他们安全感，陪伴几次以后，多数幼儿就能自己游戏了。能力强的幼儿多数胆大，喜欢尝试与冒险，观察时要注意他们游戏的安全性和运动量太大的现象，指导教师适时建议幼儿更换运动量较小的游戏内容和到休息场地擦汗，做简短的休息，避免幼儿出汗多、心跳快、呼吸急促，影响身体健康。

（5）观察教师。业务管理者相信、信任教师是观察的前提，相信大多数教师都会尽职尽责地做好工作。

观察区域活动目标是否符合幼儿年龄特点、发展需求，在活动中能够根据幼儿的游戏水平进行适当的互动与指导。

观察教师能否根据幼儿的兴趣及游戏水平，对区域内的材料进行开发与利用，关注材料与幼儿的互动情况，材料是否可以支持幼儿游戏。

观察教师对幼儿的指导是否有效。多层深化互动，对幼儿进行多方面的指导，逐步丰富活动内容或提高难度，以促进幼儿运动能力的发展。重点突出互动，观察教师在幼儿运动过程中是否能及时了解幼儿游戏的需要，针对幼儿遇到的问题或困难，能否有目的、有针对性地提供引导，直到促进幼儿游戏进一步发展，使幼儿的游戏水平得到不断提高。

在观察教师实践的基础上，对教师进行反馈。首先让教师对活动进行反思，包括活动安排是否合理，目标是否实现，幼儿得到了什么发展，需要做哪些调整，进一步提高幼儿户外游戏的质量。同时，依据观察情况进行专业指导，因势利导地与教师一起研讨，对教师组织户外活动提出更高的要求，使户外活动在促进幼儿健康成长方面发挥更大的潜能。

（6）观察安全。业务管理者应把安全管理作为户外体育活动巡视指导的一项重要工作内容。一要定期组织后勤人员检修、维护、更新，同时在每日的指导工作中及时发现场地、器械、材料、活动（幼儿游戏时出现的一些违反规则或不正确使用器械、不遵守游戏规则带来的身体碰撞等）中的安全隐患并及时报修或给予及时提醒，同时和班级教师沟通，在游戏讲评时提出，引导幼儿认识这些问题带来的后果。对安全管理要形成制度，防患于未然，确保幼儿在户外体育活动中的安全。

（7）观察保健护理。户外活动时间要求保健医也要到户外参与组织与管理，观察其是否在履行监测、指导、安全疏导、护理等职责。业务管理者要观察保健医是否在保健站备有温开水、毛巾、纸巾、处理幼儿在游戏时出现意外伤害和身体不适的医用材料。随时观察幼儿，适时提醒幼儿擦干头部、身体的汗水，饮用少量的温开水，一次不能喝太多的水，避免对身体的循环系统和消化系统造成伤害。

深入户外活动中观察指导，不是单项的指导，应是以双向的互动研讨为主，多以班级、小组研讨为主，如果是共性或突出的问题，可以利用园本教研进行解决。

（四）保教配合

1. 精神面貌。包括了解教师带班的仪容仪表是否符合师德要求，语言表达是否规范，符合教师身份；精神状态是否健康、积极；能否遵守劳动纪律和规章制度等。

2. 相互配合。包括了解班级教师（主班教师、保育员、配班教师）分工合作、各司其职的情况；站位能否照顾到全班幼儿；教师之间能否相互补台，在各环节默契配合；班务会落实情况等。

（五）家园共育

1. 家园栏的互动情况。班级家园栏的内容是否丰富，能否为家长提供需要的服务，是否能和家长互动，形成互相支持、配合的关系。

2. 班级家长工作的开展情况。家长对班级工作的反馈，教师与家长的关系是否和谐等。

从上面的内容可以发现，只要是发生在幼儿园中并且影响到园所保教质量的事项，都应该是业务管理者在进班观察和指导中需要关注的内容。如果将众多繁杂的工作用一句话来概括，那就是《幼儿园教育指导纲要》和《3～6

岁儿童学习与发展指南》精神在"一日生活五大环节"（生活环节、过渡环节、室内活动环节、教育活动环节、户外活动环节）和"两种环境"（精神环境、物质环境）中的落实情况，都在日常进班观察和指导工作之列。

三、日常进班观察和指导的主要流程

业务管理者日常进班观察和指导的工作，虽然在内容方面比较繁杂，但是，工作过程却必须繁而有序，杂而不乱。这就需要在工作中遵循一定的工作流程。为此，可以采用当前全面质量管理中广泛应用的 PDCA 循环，即"戴明环"来概括业务管理者在进班检查和指导中的主要流程。业务管理者日常进班观察和指导工作时，只要按照从明确进班观察目的和制订进班检查计划，到按计划有目的地进班观察和发现问题，再到分析、沟通以及反馈，效果跟进这四个基本环节运作，就能基本保证工作有序而有效地进行。

（一）明确进班观察目的和制订进班检查计划

业务管理者在日常进班观察和指导的过程中，不能毫无目的地浏览班级情况，而必须根据园所确定的保教工作重点以及园所质量实际问题、教师的困惑等，明确本学期或是近期进班观察工作的主要目的并制订相应计划。而且，在每次进班观察前，还要确定当天当次进班观察的具体目的和具体实施计划，切实做到心中有数，有的放矢。

例如，当业务管理者制订的学期进班观察目的为"师幼互动有效性"时，那么在每一次具体检查时，就可以把"区域活动中教师与幼儿的互动情况""过渡环节中师幼互动情况""师幼互动的频次和效果"等作为进班观察的更为具体的目的。

（二）按计划有目的地实施检查

在明确了进班观察的目的和制订了进班观察的计划后，接下来的任务就是按计划有目的地实施观察。怎样才能有效地实施进班观察？业务管理者可以根据目的创造性地使用一些方法，帮助自己及时有效地收集记录观察信息，为指导提供充实、客观的依据。如有的业务管理者能够针对每次进班观察的目的设计相应的进班记录表。通过这些记录表对班级具体情况的真实记录，能够帮助业务管理者具体了解当前园所保教质量达到的实际水平，也能帮助教师客观分析和看待班级中存在的问题。

例1：在观看教师教育活动的时候，通常我们需要记录的内容包括被观察教师的姓名、班级、日期、具体时间、活动内容、分析与评价、改进建议等。

教育活动观察记录表

活动目标：	执教教师： 年级： 幼儿人数：
活动准备： 1.经验准备： 2.材料准备： 3.环境准备：	

活动过程： （教师行为）	（幼儿表现）	（思考和建议）
教师反思：		
反馈建议和管理思考：		

例2：在了解班级日常常规工作各环节中幼儿养成情况、教师保教结合意识等情况时，可以设计专门的进班了解班级常规情况的记录表。

一日生活（常规）各环节情况观察记录表

时间	生活环节（注明某一个环节）			
班级： 主班： 配班：	常规情况记录	幼儿	教师	环节反映出的保教优势与问题
管理思考和建议				

例3：在了解区域活动中教师与幼儿、幼儿与材料的互动情况时，可以设计专门的进班观察时的区域活动记录表。观察内容一般包括所观察的班级、时间、区域、区域材料、幼儿、教师活动情况等。

班级区域活动观察记录表

班级：		时间：	
重点指导区域		教师：	
活动材料：		材料建议：	
游戏时间：	幼儿行为：	教师行为：	游戏材料：
分析与指导建议：			

例4：当需要观察投放的区域材料是否适合班级幼儿需求等更具体的问题时，可以设计针对性强的进班观察表。

观察____区材料幼儿操作情况

材料名称		班级		幼儿年龄	
记录教师		观察时间：　年　　月　　日 从　　点　　分到　　点　　分 共观察了　　　分钟			
操作的幼儿： 共　　　人					
观察纪实：					
反思：（注意对教师行为、幼儿行为、操作材料的反思）					

业务管理者还可以创造性地采用其他方式进行收集记录。比如，照相、录像等方式都是为了研究班级现状，教育教学中的优势和问题，有针对性地给教师以专业支持和指导，不断提高质量。

（三）反馈、沟通和指导

进班观察是为了改进工作，因此，当业务管理者按计划有目的地进入班级中了解和观察后，就需要及时把观察到的情况反馈给有关教师，并且在此基础上对班级工作提供适当的指导。业务管理者的指导可以简明地概括为两种。一种是即时性指导，即主要针对班级、教师存在的突出的、必须马上纠正的问题做出指导。例如，如果在进班观察中发现教师的师德、语态、教室环境的安全等可能影响幼儿的身心健康，就必须立即加以指导，马上予以解决。另一种是反馈、沟通与分析后的延时指导，即对检查中发现的那些不是必须马上需要解决的问题，业务管理者应该在把问题与有关教师反馈和沟通之后，与教师一起进行深入的分析和研究，探讨产生问题的原因，寻找解决问题的途径和方法，引导教师自己去解决问题。这样，不仅问题得到了解决，而且在解决问题的过程中，教师的思想认识水平和解决问题的能力也得到了提升。

在实施后一种指导时，业务管理者最好和有关教师一起，进行如下几方面的工作。

1. 整理数据。当我们想要了解"教师在区域活动中是否能够合理分配注意力，关注活动中的幼儿"的时候，我们可以把区域活动记录中教师分配到每一个区域的时间轨迹整理出来，就可以发现问题。

	教师一（取区域活动中 11 分钟为例）					教师二（取区域活动中 11 分钟为例）
指导的区域	角色区	棋类区	音乐区	手工区	益智区	棋类区
各区域指导时间记录	8:35—8:37	8:37—8:38	8:38—8:40	8:40—8:45	8:45—8:46	8:35—8:46（一直到区域结束）
各区域指导时间统计	2分钟	1分钟	2分钟	5分钟	1分钟	11分钟（整个区域时间）
区域互动幼儿人数	半数以上幼儿					3～5名幼儿

2. 分析反思。有了数据，业务管理者就需要对整理后的数据进行分析。以上述案例为例，业务管理者通过分析，就可以清晰地看到两位教师存在着两种极端的现象：一种是满教室"飞"，一会儿到这个区，一会儿到那个区；还有一种则是到一个区后就不再换地方，只关注眼前的这几个幼儿，其他幼儿几乎被忽视。作为主班教师，在有效的区域活动时间内，如果是满教室"飞"，那就不可能形成比较深入的观察，不可能对幼儿有比较细致地了解和引导；如果只与几名幼儿产生互动，而忽视了大多数幼儿，这就产生了教育的不公平性。教师也不能以这三五个幼儿的发展代替所有幼儿的发展。由此可以看出，这两位教师显然还不善于引导区域活动，还需要提升区域引导能力。如果数据还进一步提示业务管理者，这种不善于区域引导的情况不单存在于个别班级或是个别教师，而是园所教师普遍存在的情况，那就需要作为园所的共性问题，通过园本教研来解决。

3. 客观反馈。当有了这些分析后，业务管理者还需要帮助教师认识到自己存在的问题。没有教师自己的认识，所存在的问题是不可能得到解决的。因此，业务管理者就需要将这些整理好的数据反馈给教师看，并引导教师想一想能从中看出什么问题。当客观的数据呈现在教师们面前的时候，教师们就能够主动发现自己在班级工作中存在的问题。同时，也能够让教师看到，业务管理者并不是从主观上随意评判，而是有客观、详细的观察记录和科学的分析作为依据。这样，教师和业务管理者就能够达成共识，教师也就能够欣然接受业务管理者的指导和建议。

4. 具体指导。发现问题是为了解决问题，进班观察是为了改进和提高班级工作。因此，对于业务管理者来说，日常进班观察和指导工作中最具关键意义的一步，就是要在解决实际问题、改进工作方面给教师提供一些方法、策略上的支持。以上述案例为例，业务管理者此时就要和教师一起思考，在区域活动中教师注意力分配适宜的重要性；有哪些方法能够将教师区域注意力分配适宜；还要和教师探讨怎样做才是不干扰幼儿自主游戏的学习。

当然，在具体指导的时候，业务管理者要根据发现的具体情况采用不同的策略。当教师出现的困惑或是行为问题是个别现象，或者教师的个性很强，不能接受业务管理者建议时，适宜采取一对一形式的教研讨论方式；当与教师沟通、教研都不能帮助教师理解并改变行为和认识的时候，业务管理者采用带班示范或者示范活动的方式，促使教师观摩业务管理者适宜的教育行为，与幼儿互动的方法策略以及在这样的氛围中幼儿是如何自主游戏的，之后再进行分析，直观地帮助青年教师发现自己存在的问题并获得切实有效的方法；也可以巧妙地引导她观察骨干教师的活动。当发现的问题不是一位教师就能够解决的问题时，业务管理者采用召开班务会的方式，和班级的三位教师坐下来共同分析问题，诊断问题，寻找方法；当发现的问题在同一个年龄段的班级中出现，适宜采用年级组教研的方式共同讨论，发现问题所在，寻找适合的解决办法；如果发现的问题在全园普遍存在，就需要业务管理者在归因分析的基础上，采用园本教研的方式解决；当问题集中反映在青年教师群体时，适宜组成青年教师的教研组，共同研讨。总之，面对出现的问题，业务管理者要根据具体情况采用有针对性的反馈、指导策略，这样才能取得实效。

另外，业务管理者除了提供必要的专业帮助外，在面对教师时，要学会先倾听教师的想法，允许教师有不同的意见，在充分交流沟通后达到一致。

（四）效果跟进

完成进班观察和指导工作后，并不意味着这项工作就完成了。依据全面质量管理的科学程序，还需要经历一个环节，即效果的跟进和发现可能产生的新问题。作为业务管理者，在这方面需要做的工作主要是切实了解如下情况：业务管理者的指导是否被教师认可和接受？改进工作的策略是否有效？教师教学行为是否获得改善？在调整过程中是否又产生了新的问题？等等。在效果跟进的时候，同样可以运用前面所提到的各种进班观察记录和分析汇总的方法。园所的保教质量也就在这样周而复始的循环管理中不断提升和改善。

四、进班观察和指导的注意事项

日常进班观察和指导是业务管理者的主要工作之一，这项工作的实效性直接影响着园所的日常保教质量以及教师的专业发展。因此，业务管理者必须以高度负责的态度和认真、细致的作风，做好进班观察和指导工作。为此，业务管理者在工作过程中需要注意以下的事项。

（一）进班观察和指导要以目标为依据，有目的地进行

在进班观察和指导的过程中，业务管理者一定要有明确的目标。这里的目标包括幼儿发展的目标、园所质量的目标、近期工作重点的目标以及当次进班观察指导的具体目标。只有管理者心中目标明确，才能发现教师工作的

闪光点，并及时捕捉到当前可能存在的问题。

（二）进班观察和指导要注重引导教师的自我反思和自我发展

在进班观察中，我们能够发现优势，也能够发现问题；通过指导，最终希望获得良好的效果。但是在发现问题和调整改进的过程中，不能仅为了追求好的结果，就直接将方法和策略告诉教师。正确的做法应该是业务管理者把进班观察中发现的问题反馈给教师后，就要和教师一起分析问题的内在实质、问题产生的后果、问题形成的原因等，并且在此基础上耐心引导教师探寻解决问题的途径和方法。这是一个教师自我反思和自我发展的过程。通过这个过程，不仅问题得到解决，工作得到改进，而且教师的专业水平得到提高，教师的教育理念得到升华，整个园所的教师队伍也获得发展。在进班检查和指导过程中，这样做具有更为重要的意义。

（三）从细节中发现问题

幼儿园一日工作纷繁复杂，作为业务管理者一定要善于从细节中发现问题。因为这些细节往往反映了教师的教育观。例如，教师在幼儿如厕、洗手环节是否始终跟随幼儿，如何与幼儿互动等都反映了教师是否具有"生活即教育"的理念；又如，班级环境墙饰的高度反映了教师的"儿童观"，是否将幼儿作为教室的主人。

（四）检查必须和指导结合在一起，指导要讲究方式方法

业务管理者一定要明确，进班观察时，检查不是目的，重点在于指导。只有明确了进班观察和指导的关系定位后，才可能将进班观察作为促进教师专业成长，确保园所保教质量的一种实施途径。在指导的时候，业务管理者更要注重讲究方式方法，在尊重教师自尊心、保护教师自信心的同时，引领她们自我发现问题，思考问题产生的原因，并不断改善自身行为。只有这样，才能避免管理者与教师成为对立面的现象出现。

（五）进班观察和指导要以情动人，提升教师的内驱力

邓小平同志早就指出："领导就是服务。"因此，在业务管理者进班观察和指导时，要体现出服务意识、服务精神和切实的行为。

1. 尊重人、理解人是服务的前提。管理者要在进班过程中真诚地关怀每一位教师，创建一个相互支撑、关系融洽的人际环境。

2. 让教师在与管理者进班互动的过程中感受到园所"人人为我，我为人人"的服务理念。

3. 要以平和的心态对待进班中发现的问题，满足教师的心理需求，认同

服务对象的合理要求。

4. 在进班过程中，管理者要平等、公正地对待每一位教师，多看亮点，"以优带劣"，并以平和的心态与教师建立一种相互尊重、相互合作的人际关系。

5. 着眼于教师的精神提升和自我实现。这种服务所带来的效益是人的成长、提高和发展。

图书在版编目（CIP）数据

幼儿园各岗位常规性工作实用手册/王晓红主编．
—北京：中国农业出版社，2021.8（2025.7重印）
ISBN 978-7-109-28098-4

Ⅰ.①幼… Ⅱ.①王… Ⅲ.①幼儿园—管理—手册
Ⅳ.①G612-62

中国版本图书馆 CIP 数据核字（2021）第 059710 号

中国农业出版社出版

地址：北京市朝阳区麦子店街 18 号楼
邮编：100125
责任编辑：马英连
版式设计：王　晨　　责任校对：沙凯霖
印刷：北京中兴印刷有限公司
版次：2021 年 8 月第 1 版
印次：2025 年 7 月北京第 2 次印刷
发行：新华书店北京发行所
开本：700mm×1000mm　1/16
印张：11.75
字数：250 千字
定价：38.00 元